軍医大尉 桑島恕一の悲劇

われ上海刑場の露となりしか

工藤美知尋

潮書房光人社

はじめに

二〇一四年八月十一日夜、ＮＨＫＢＳ1で、スペシャル番組『山本五十六・戦後七十年目の真実』が放映された。私もこの番組づくりに半年にわたり携わった。七月末に行なわれた十代目・坂東三津五郎丈による最終ナレーション撮りにも立ち会い、実際の番組がどのような過程を経て作成されるかをつぶさに見てきた。収録の際の三津五郎丈は非常に元気で、また歌舞伎座の舞台で潑剌《はつらつ》とした演技をしてくれるものと期待していたが、残念なことに二〇一五年二月、すい臓がんを再発して他界された。

幸いにも上記の番組は好評で、ＮＨＫ海外放送や翌年の正月の再放送もふくめてこれまで都合五回にわたって放映された。

最初の放映があった年の八月下旬のある日のこと、私のもとに一人の年配の男性から電話がかかってきた。強い山形弁訛《なま》りからして私と同じ郷里の人間であることはすぐにわかった。

「私は山形県長井市十日町出身の谷口至良《しりょう》（昭和十二年生まれ、米沢興譲館高等学校から東北大学工学部卒、元新日鉄研究所勤務、五年間米国駐在）という者ですが、番組をたいへん興味深く観《み》させていただきました。ところで先生は、同じ長井町出身の軍医大尉桑島恕一《くわじまじょいち》の事件を知っていますか？」というものであった。

「父親たちがこの事件について話しているのを小耳にはさんだことはあるが、くわしくは知りません」と答えると、数日して、かつて桑島恕一と近い関係にある桑島治三郎氏（昭和六年、旧制長井中学校卒、東北大学医学部卒、東北大学医学部神経眼科名誉教授）が書かれたエッセイ集『殉国の軍医大尉』をわざわざ贈ってくれた。

これを読むことによって、私は初めて今から七十年前に、郷里の山形県長井町（のちに長井市）で起こった驚愕すべき悲劇の詳細を知ることになった。

こうして私はいわば虚を突かれたかたちで、この桑島恕一事件と向かい合うことになった。

なんでも谷口氏の母親は西置賜郡白鷹町荒砥の出身で、同じく荒砥出身の旧姓梅津（桑島）治三郎先生と縁続きだったことから、息子の至良氏の東北大学入学にあたって、その保証人を治三郎先生にお願いしたとのことである。

そんなこともあって東北大学在学中の四年間、谷口至良氏は、年に一、二度、治三郎先生からお声がかかって食事に招かれたのだそうだ。治三郎先生から受けた厚情を、谷口氏は今日に至っても忘れていない。

最初私は、治三郎氏が「桑島」の姓を名乗っていることから、治三郎氏はもともと桑島家の人間かと思っていたが、調べてみると、じつはそうではなかった。

大正五年、三十三歳で郷里の長井町で眼科医院を開院した新進気鋭の青年医師桑島五郎は、次女の将来の婿として治三郎氏を見込んで、旧制長井中学や東北大学医学部入学に際しての学費の一切を面倒見たのであった。

当時、九州の大学から老母の面倒を見るために郷里にもどってきた桑島五郎は、近い将来、長井町に初の総合病院を築こうと、自分の息子や親戚縁者の子弟のなかに優秀な者がいれば、医師にすべく激励と援助を惜しまなかった。

治三郎氏は昭和十五年に東北大学医学部を卒業し、十七年に軍医予備員となり、十八年に召集され、ビルマ兵站病院に勤務した。

治三郎氏は桑島五郎の次女・迪子《みちこ》と昭和十七年三月に結婚し、婿養子となったものの、昭和二十一年七月に復員した二ヵ月後、岳父

桑島治三郎氏は東北大学教授定年後、酒田市立病院長、財団法人広南会病院長などを歴任。桑島恕一について貴重な著述を残す。

旧長井町の中心街であった本町に、昭和２年に建設された鉄筋コンクリート造りの桑島眼科医院。ゴチック建築の名残や棟飾りに特徴がある。現在は桑島記念館として保存されている。

の五郎と妻・迪子を相次いで失い、桑島家との縁は薄くなった。東北大学医学部眼科に復職して講師となるも、宿直室に寝泊まりしていた時期もあった。

昭和二十三年、治三郎氏は仙台で佐藤家の養子に入り再婚し、「佐藤治三郎」となったが、それまで「桑島」姓で多数の論文を発表していたこともあり、昭和三十五年、当時の桑島家当主・誠氏をはじめ一族の快諾を得て、ふたたび「桑島」に改姓した。

桑島眼科医院といえば、長井町出身者で知らない人はいない。

私が県立長井高等学校在学時（昭和三十八年～四十一年）には、先代の眼科医院長であった桑島誠氏は同窓会会長として入学式や卒業式の際にはかならず参列され、祝辞を述べられたものであった。

桑島眼科医院は、長井町の名家・桑島家に連なる一族である。

旧桑島眼科医院の建物は、昭和二年、当時にしては珍しい近代建築様式で建てられた。

この建物は、平成七年、かつてあったところから五十メートルほど離れた所に移転され、今では長井市指定有形文化財にも指定されて「桑島記念館」として保存されている。

『山形県立長井高等学校鷹桜《ようおう》同窓会名簿』を開くと、昭和九年卒の物故者のなかに「桑島恕一」の名前が見える。

この物故者名簿を見ても、その死因について知ることはもちろん出来ないわけであるが……。

『鷹桜同窓会』とは、大正９年創立の旧制山形県立長井中学校、戦後の山形県立長井高等学校および、大正10年創立の長井実科高女、長井高等女学校、長井北高等学校などを統合した同窓会。「鷹」は「上杉鷹山公」から、「桜」は「小桜城」に由来する。

さて、ここから本題だが、この桑島恕一軍医大尉は、終戦直後に中国上海に設けられた「上海米軍裁判」で、俘虜（捕虜）虐待の廉《かど》によって、昭和二十二年二月一日、絞首刑に処せられた。

恕一氏が処刑された日は、私が生まれる日（昭和二十二年四月二十九日）のわずか三ヵ月前のことであった。

私は周りから祝福されて生まれたに違いないが、これと反対に同じ長井町で、言い知れない廉によって悲劇に見舞われた人間と家族がいた。このあまりの明と暗の差に、私としては何とも言いようない気持ちになって来るのである。

ところでこの裁判そのものが、きわめて杜撰《ずさん》なものであり、その罪はまったくの濡れ衣だと知ったら、読者諸氏はどう思われるであろうか……。

桑島恕一の身に降りかかった悲劇は、同じ日本人として見過ごすことの出来ないものである。この恕一事件は、長井出身の私にとっては自分のアイデンティティーにも繋がる事件なのである。

二〇一五年六月、かつての長井市立小中学校の同級生四十人が親睦旅行のため上京した折に、この恕一事件についてぶつけてみた。すると「エェッ！」という声とともに、皆一様に大きな驚きと同情を見せた。

われわれは昭和二十二年生まれであって、団塊の世代の頂点に位置している。戦後二年目にして生まれた世代である。昭和二十二年といえば、ちょうど恕一が処刑された年でもある。

にもかかわらず長井で生まれたわれわれの大半は、恕一や桑島家の悲劇をなんら知らないで、これまで過ごしてきた。大事なことを見過ごして生きてきたと思わざるを得ない。

愛国心あるいは郷土愛とは、その地に住む人々が過去の歴史について共感するところから生まれてくるはずである。ところがわれわれは、それをしてこなかった。これをうかつと言わずに何と言おうか。

まして私は近現代史家である。私としては忸怩《じくじ》たる思いに駆られざるを得ないのである。

この恕一事件を知って以来、私はこの調査にかかりきりになった。

まず私は、治三郎氏が私家版で触れられた恕一事件の概要を頼りに、そのウラを取ってみようと思った。

引用文献などを頼りにさっそく調べてみると、ＢＣ級裁判を扱った書籍は優に三十冊以上もあった。それらの本を片端から読んでみたが、残念ながら桑島恕一事件について書いてあるものは一冊（『遥かなる南十字星』）を除いてなかった。どういうわけか上海裁判について詳しく解説している著書は、この一冊を除いてほとんどないのである。

そこで私は、二〇一五年五月初旬、東京都千代田区の竹橋にある国立公文書館に行ってみることにした。

公文書館の係りの女性に、「桑島恕一事件で検索できるのですか?」と訊ねてみると、「個人名で検索することは出来ない」という。

「それじゃ、どの文書を検索すればいいのでしょうかね?」と重ねて聞いてみると、「米軍上海裁判というファイルの中にあるかも知れない」ということだった。こうしたやり取りだけでも、すでに一時間ちかく費やされている。

ともかくこうして私は悪戦苦闘のすえ、ようやく「上海裁判」のファイルにたどりつくことが出来た。

このファイルは、「法務大臣官房法制調査部作製・上海裁判（アメリカ裁判関係）①〜⑫」と題して十二個に分冊されて綴じられていた。全部あわせると一千枚以上はあり、なかには英文で書かれているものもある。

【部分公開】と書いてあるファイルもあれば、【非公開】と書いてあるファイルもある。

私は腰を据えて、一枚一枚めくりながら慎重に読み進めることにした。朝から取りかかって、すべてを見終わったときには日はとっぷり暮れていた。

しかし、これらのファイルの中から、「桑島恕一事件」を見つけ出すことは、残念ながら出来なかったのである。

「これじゃ研究を進めることは出来ないな……」と一旦は観念した。

その翌日、重い足を引きずって永田町にある国立国会図書館に行ってみた。するとそこで、『戦犯裁判の実相』（巣鴨法務委員会編・上下二分冊）の資料集（約千ページ以上）とめぐりあうことになった。

さらに調べていくと、『世紀の遺書』（巣鴨遺書編纂会、約八百ページ）と題する書籍にもぶつかった。

この二つの資料によって私は、桑島恕一事件の全貌をほぼ完全に理解することができた。桑島恕一軍医大尉事件は、いわゆるＢＣ級裁判の悲劇の典型である。

Ｂ級戦犯およびＣ級戦犯とは、第二次世界大戦の戦勝国である連合国によって布告された国際軍事裁判所条例、および極東軍事裁判条例における戦争犯罪類型のことである。Ｂ項―通例の戦争犯罪、Ｃ項―人道に対する罪に該当する戦争犯罪、または戦争犯罪人とされる罪状に問われた事件のことであり、あわせてＢＣ級戦犯裁判と呼ばれている。

学者によっては、捕虜の指揮、監督にあたった士官、部隊長の事件のことをＢ級戦犯裁判、直接捕虜の取り扱いにあたった者で、主として下士官、兵士、軍属の事件をＣ級戦犯裁判として説明している者もいる。

昭和28年、巣鴨プリズンにおかれた巣鴨遺書編纂会の手によって、第二次世界大戦後に戦犯として刑死および獄死した人々の遺書が編纂された。『世紀の遺書』とは、「二十世紀が後世に残すべき遺書」の意味を込めて名付けられた。

ちなみにＡ級戦犯裁判とは、満州事変から太平洋戦争終結にいたるまでの日本の政治軍事指導者たちを、「共同謀議」や「平和に対する罪」によって、市ヶ谷にあった旧士官学校の大講堂において裁いた国際裁判（「極東軍事裁判」あるいは「東京裁判」）のことである。

A級裁判では二十八名が裁かれ、東条英機元首相以下七名のわが国の政軍の指導者が絞首刑に処せられた。

一方、BC級裁判は、GHQ（連合国軍総司令部）によって、横浜やマニラなど世界四十九ヵ所の軍事法廷で開かれた。被告総数は五千七百人にものぼり、このうち九百八十四人が死刑に処せられた。

米国裁判の内訳は、横浜が三百三十一裁判で被告は一千二十九人、グアムが二十九裁判で被告は百九人、クエゼリンでは三裁判で被告は十八人、マニラでは八十八裁判で被告は二百三十八人である。

桑島恕一軍医大尉が裁かれた上海裁判では十裁判が行なわれて、被告は五十二名であった。この上海裁判のうちの一つで、しかも昭和二十一年九月十八日に行なわれた最後の上海裁判で、桑島恕一は裁かれた。

桑島恕一の実家は現在、長井市栄町で事務機を販売している株式会社ソック（旧ストウヤ）から五十メートルほど入ったところにある。その横には真言宗の寺・常楽院が建っている。ちなみに恕一の実家は、筆者の家からわずか五百メートルほどしか離れていない。

長井市栄町の常楽院隣りにある桑島恕一の実家。
数年前に内装をリフォームしている。

今から五十年以上前、私は小学校からの下校の際、板塀で囲まれた恕一の家の前をよく通ったものである。

われわれの子供時代は、たいていの家に一人や二人の学童はいたものだったが、この家にはその気配はまったくなかった。たまに縁側の板戸が開いていることもあった。

「どんな人が住んでいるのだろう?」と、子供心にも疑問を抱いたものである。

桑島恕一は、小学校長桑島忠一の長男として、大正五年五月三十日に生まれた。

昭和31年、公職追放解除後、長井市教育委員長に就任した桑島忠一。

恕一の父の桑島忠一は戦前、西置賜郡の中心的小学校である長井小学校校長に就任し、その後、長井町の町長に就いた。

戦後、追放解除後は長井市の初代教育長なども勤めたほどの人物で、長井西置賜の教育界に大きな影響をあたえた。

忠一は戦前戦中を通じて、長井町にあっては最高の文化人と言ってもよい。町民からの人望も非常に篤いものがあった。

「恕一」の名前の由来は、論語の『夫子の道忠恕而巳』から引いたもので、当時の国民党総裁で、のちに首相になった犬養毅によって名付けられた。この犬養毅の政治思想に、忠一は深く傾倒していた。

私が出た山形県立長井高等学校の宝とも言える扁額の『我乎備物萬』（万物我に備わる）は犬養毅の筆によっているが、その根回しは忠一がしていたように思う。

恕一の性格は長井町育ちの人間らしく温良そのものだった。背丈は一メートル七十センチ近くあり、体格もよく、旧制中学時代にはすでに剣道初段の腕前であった。

忠一にとって恕一は自慢の息子であり、周りからもその将来が大いに嘱望されていた。治三郎氏はそのエッセイ（『殉国の軍医大尉』）に、つぎのように記している。

「彼（恕一）は私の三級ほど後輩で、私が高校（旧制長井中学）を卒えた一浪で受験勉強をしている頃、東京医専（当時）の受験勉強をしていた。これも高校受験を控えた従兄弟の格一（五郎の息子）と三人で、その夏を村のお寺に合宿して勉強した。私は大学の入試に失敗した浪人だったが、この夏まで数ヵ月の間（長井小学校の）代用教員に採用してくれたのは、当時の忠一校長である。それやこれやで、私には単なる幼な馴染み以上の縁がある。

その身びいきから誇張するわけではないが、彼は学業も優れていたが、性格は春の若芽のように温順、明朗で、長男のせいもあってか、だいぶ鷹揚で、弟妹や友人の面倒などをよく見るたちだった。スポーツは万能タイプで、剣道は中学で初段

県立長井高等学校出身者の精神的支柱を為す言葉。「万物我に備わる」と読み、現在、同校の講堂に掲げられている。青年はその内に限りない創造性を秘めることを自覚すべしとする『孟子』からとった言葉であり、犬養毅の筆による。

旧制長井中学時代の恕一。

東京医専に入学したときに撮った記念写真。

を許された。もっとも当時の剣道は、スポーツと言うより軍人精神を叩き込む面が強かった。

私の養父の桑島五郎は眼科学会創立の頃のメンバーの一人で、医学校（東北大学医学部）を銀時計で卒業しただけに、子弟の教育や躾には殊のほか熱心かつ厳格だったが、恕一には一目置いていた。

生意気盛りの私たちが叱られる時、『少しは恕一を見習ったらどうだ！』と、しばしば引き合いに出された。この言葉は今もまざまざと耳に残り、当時のことがありありと眼に浮かぶ。

世が世であれば、彼は父と同じ教育畑に進んだかも知れない。それが最も適格な人柄でもあったとかと思う。しかし当時は軍国主義の最中で、軍事教練は中学の必修の正課であり、茲で尽忠報国を吹き込まれた若い魂は、素直であればあるほど殉国の情熱に燃えることも烈しかった。

『海ゆかば水漬くかばね、山ゆかば草むすかばね、大君の辺にこそ死なめ……』

この荘重な軍歌を唸っているのを聞いて、調子はずれを冷やかした憶えもある」

昭和九年三月、恕一は旧制県立長井中学校を卒業し、すぐに東京医専（現東京医科大）に進み、軍医委託生になった。この軍医委託生には、成績優秀でなければ成ることが出来なかった。

委託生となると授業料は免除になる代わりに、卒業後は軍医になる義務があった。

昭和十六年、恕一は中国の奉天（現在の審陽）の陸軍病院に配属され、軍医中尉としての歩みをスタートした。

昭和十七年、恕一は旧制米沢興譲館中学出身で、昭和十七年の衆議院議員総選挙で当選した近藤英次郎海軍中将の三女節子（大正十二年九月十二日生まれ）と結婚し

この本は昭和49年に日本医事新報社より発行され、平成５年に第３刷を数えた。著者の桑島治三郎は、昭和15年に東北大学医学部卒、眼科学専攻、昭和17年に軍医予備員候補生として入営、昭和18年に臨時召集、昭和21年に復員、東北大学講師、昭和43年に東北大学教授、昭和52年に定年退官、東北大学名誉教授などを歴任。

軍医となった恕一。右は中尉、左は大尉のときの写真。

た。

　二人の新婚生活は一年半ほどだったが、奉天陸軍病院の官舎で至福の時を送った。昭和十九年春、恕一は身重になった新妻を内地に帰した。

　昭和十九年十一月五日には、一粒種の純一が誕生した。

　そんななかで昭和十七年末、フィリピンで降伏した米比軍将兵捕虜二千人が、マニラから台湾経由で、奉天の捕虜収容所に送られて来た。

　米比兵捕虜の大半は、フィリピンのコレヒドール要塞での籠城当時から、飢餓や栄養失調に陥っており、マラリヤや赤痢などにも罹《かか》っていた。

　降伏後の灼熱のバターンの死の行進や、その

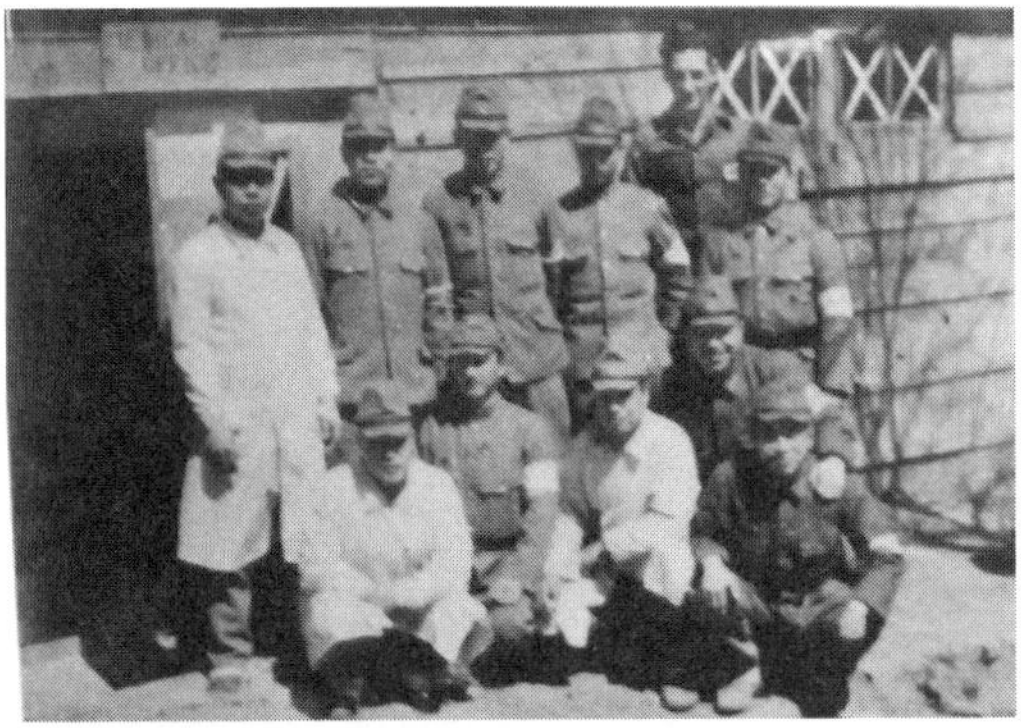

後列右から２人目は米英捕虜。他は軍医と衛生兵。

後列右側が恕一。前列と恕一の横にいるのが米英捕虜。

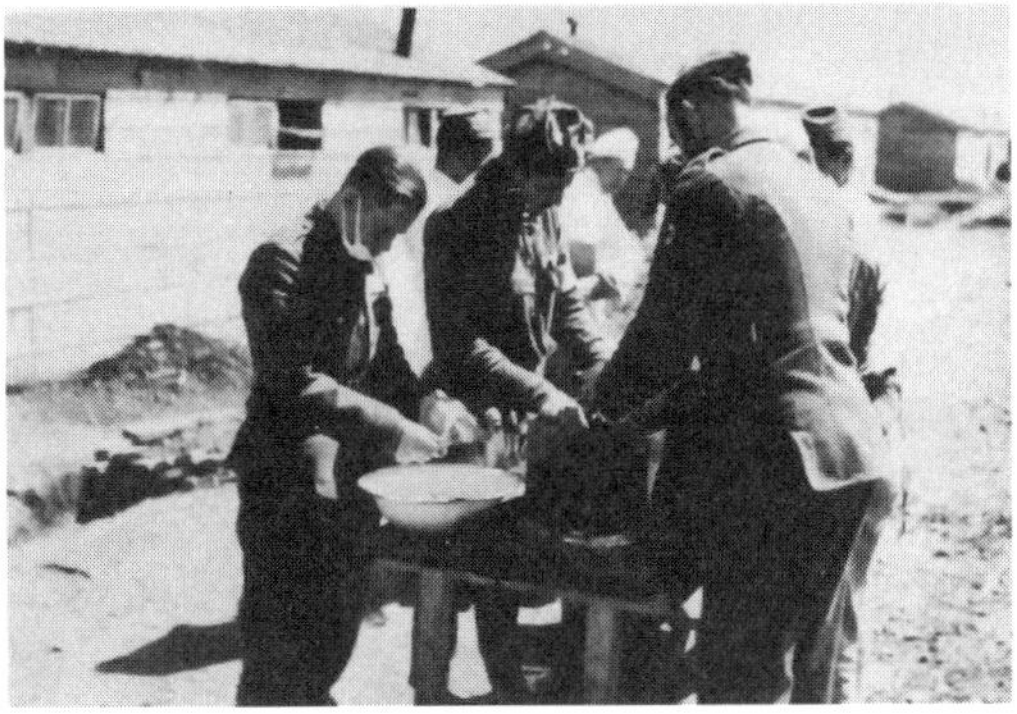

奉天捕虜収容所の日々の様子を撮った写真。恕一をふくめて収容所の日本兵と米英の捕虜が一緒に写っている写真が数枚あるが、この写真から見るかぎり、両者の関係がそれほど険悪だったようには到底思えない。監視する日本兵と捕虜という絶対的な立場の違いはあるにせよ、日常的な生活が営まれていたのではないだろうか。

後の収容所生活と長期の輸送によって、彼らの症状は一段と悪化し、奉天到着時には骨と皮ばかりに痩せこけていた。

このため輸送船のなかでも死亡者が続出し、奉天に来たときにはすでに五百名ほどが欠けていた。

しかし、捕虜収容所は病院ではなかった。ここには医務室と軍医一人がいるだけだった。このため二千名もの大量の病人を扱うことはとても出来なかった。

当時の捕虜収容所の福島主計少尉は、二週間で二千人分の食料調達を命じられたものの達成出来ず、そのため「任務を達成し得ず、自決によって謝す」との遺書を書いて自決した。

これにより奉天捕虜収容所では、急遽、同じく奉天にあった陸軍病院に応援を頼むことにした。こうして桑島恕一軍医中尉は奉天捕虜収容所に転属することになった。

奉天捕虜収容所勤務となった軍医の恕一が、骨身を惜しまず捕虜の治療にあたったのは言うまでもない。

しかし、恕一がいかに献身的に治療にあたろうとも、枯れ木のようになった捕虜たちの生命を救うことは出来なかった。

ある日のこと、軍医中尉の恕一は、思い切って新京（長春）の関東軍司令官梅津美治郎陸軍大将を訪ねて、直談判してみることにした。

席上、恕一は、軍医、衛生下士官、衛生兵などを大幅に増員し、医療態勢を抜本的に改めることを提案した。これが功を奏して、捕虜収容所の医務室を拡充することが出来た。当時二十六歳だった恕一の懸命の努力の甲斐があって、それまで猛威を振るっていた赤痢も終息し、千三百人の米捕虜の命が助かった。

昭和十八年、恕一は軍医大尉に昇進した。

昭和二十年八月十五日、恕一は中国の済南航空隊で終戦を迎えた。それから四ヵ月後の昭和二十年十二月二十八日、恕一は妻子が待つ長井の実家に復員した。

ここで恕一は、二年ぶりに愛妻の節子と、一歳になった長男の純一と対面することができた。

家族との再会の喜びも束の間、それから五ヵ月後の昭和二十一年五月八日、恕一は長井署によって、長井町の実家で戦犯容疑によって逮捕された。

いろいろ私が取材を進めてみると、この逮捕の瞬間を実際に目撃した近所の人たちは何人かいた。

突然、恕一に降りかかったこの災難に対して、桑島家はもちろんのこと旧制中学の同級生や先生方などから「減刑嘆願」の署名集めの声が沸き起こった。

彼らは和英辞書と首っぴきになりながらマッカーサー宛に、懸命になって恕一の「減刑嘆願書」を書いた。

当時、長井町の人々の間では、お茶のみの際に、「忠一つぁの所の長男の恕一さね。とんだ事になったそ」

「ほだ、ほだ。とんだことだなっし。恕一さはおやんちゃまの自慢の息子だべした。おやんちゃまも本当に気落ちなさってなっし。本当にお気の毒だなっし。……忠一つぁのところはご難続きだべした。ほらバッチの娘の仲子ちゃんといったけんどね、横浜にある日本飛行機株式会社の女子挺身隊に動員されて行って、無理がたたって十九歳で斃れたしね。その上の姉の和子ちゃんの旦那さんは軍医だったたんだけんど、フィリピンで戦死しやったしね。本当にお気の毒だっし……」

「恕一さにはめんごいおぼこがえたっそ。恕一さのお嫁さんは節子さんて言うんだけどなっし、ほら米沢出身の海軍中将の近藤英次郎衆議院議員の三番目のお嬢さんで、東京の人だったんだげんどなっし。これからどうすんなだべねえ……。長井の人じゃないからなっし。とっても長井にはえらんにぇんじゃないべかなっし……。いやいや、もごさいごとねえ……」

と声を潜めて話すのだった。

そんなことを朝のお茶のみ話にしているわれわれの婆《ばば》ちゃたちも、たいていは大事な息子を一人や二人戦争で亡くした「靖国の母」なのであった。

実際、私の実家でも、本来ならば家を継ぐべき長男の工藤政雄（昭和十三年旧制長井中学卒）は昭和二十年に戦病死している。

さて、上海裁判で恕一軍医大尉は、捕虜虐待の廉で裁判にかけられた。裁判で恕一を訴えた元米軍人捕虜は二人いた。

そのうちの一人の捕虜は、昭和二十一年九月五日の第一回公判で証人台に立った。そして、その元捕虜は、「劣悪な給食、虐待、患者の放置によって多数の死者が出た」と証言した。

公判三日目のこと、もう一人の元米軍人捕虜が証人として妻に手を引かれて出廷した。盲目を装った元捕虜の下士官は、「桑島に無根のことで縛られ、水をかけられて一晩拷問され、それが元で失明同然になった」と証言した。これが事実ならば、重大な捕虜虐待にあたる。ところが、真相はまったく違っていた。

この下士官はメタノールを盗飲して酔っ払ったあげく、急性脳中毒を起こした。このため恕一の手によって胃洗浄などの救急措置が施され、一命を取り止めたのだった。

なんとこの元捕虜は控え室では黒メガネを外して英字新聞を拾い読みしているところが、何人かから目撃されている。

一般的にBC級裁判の証言には、信憑性に欠けるものが多くあった。

終戦直後だけあって、ほとんどの証人は「日本憎し」で凝り固まっていた。

「木の根を食べさせられた」という証言を詳細に調べてみると、この木の根とは「ごぼうの煮付け」だったり、やけどを負わされたという虐待が、実際は皮膚病や手足の不調を治療するためのお灸であったりしたものが数多くあった。

今から見れば笑い話の類であるが、しかし実際にはこうした悪意に満ちた虚偽の証言によって、BC級戦犯たちはおののき震え、処刑されていったのである。

公判開始から十一日目の九月十六日に最終公判を迎えた。

この間、恕一には、一回も弁明の機会があたえられなかった。

そして判決は、無惨にも「デス・バイ・ハンギング（絞首刑）」であった。


私の友人数人に桑島恕一事件について興味があるか否か訊ねてみると、一様に「ぜひ研究を進めて、恕一の冤罪を晴らして欲しい！」と、これまで私とは疎遠だった友人までふくめて熱い期待を示してくれた。

こうしたことから私としては、「ここまでくれば、やるしかないか！」と腹を決めざるを得なくなった。

この桑島恕一事件は、一人の軍医大尉の悲劇にとどまらず、BC級裁判で絞首刑になった九百八十四人に共通するものを持っている。

桑島恕一のご遺族は、戦後七十年を経た今日まで、完全な冤罪にもかかわらず世間を憚《はばか》ってひっそりと生きて来た。

拙著をお読みになった読者諸氏は、何卒桑島恕一ご遺族が辿った苦難に対して、心からの同情の念を持っていただきたいと思う。三十歳にして世を去らなければならなかった軍医大尉桑島恕一に対して、深い哀悼の意を捧げて欲しい。

軍医大尉 桑島恕一の悲劇 —— 目次

写真提供／著者・遺族・佐々木清彦・工藤重芳・国立国会図書館憲政資料室

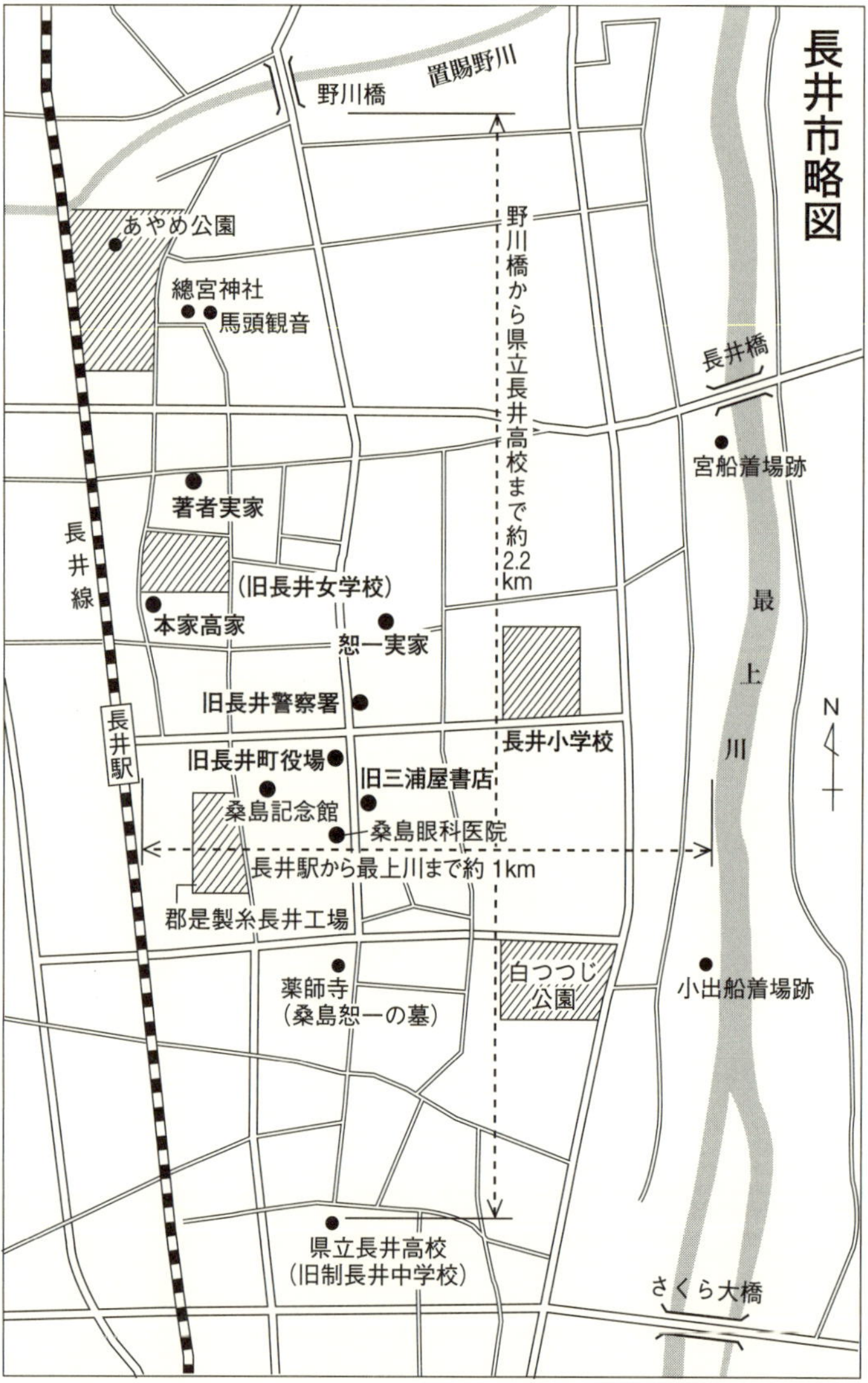
長井市略図
置賜野川
野川橋
あやめ公園
總宮神社
馬頭観音
長井橋
宮船着場跡
著者実家
長井線
(旧長井女学校)
本家高家
恕一実家
旧長井警察署
長井駅
長井小学校
旧長井町役場
旧三浦屋書店
桑島記念館
桑島眼科医院
野川橋から県立長井高校まで約2.2km
長井駅から最上川まで約 1km
郡是製糸長井工場
最上川
N
薬師寺
(桑島恕一の墓)
白つつじ公園
小出船着場跡
県立長井高校
(旧制長井中学校)
さくら大橋

軍医大尉　桑島恕一の悲劇

——われ上海刑場の露となりしか

1　恕一の生い立ち

ここに一枚のスナップ写真がある。

この写真には、一歳過ぎの男の子と、この赤子を抱っこしている二十代前半の若い母親が写っている。母親に抱かれている男の子は、カメラが向けられるのを嫌がっているようである。一方の母親の顔は、幸せそうに微笑して輝いている。

この写真が写された時期は、昭和十九年十一月五日生まれの純一の容貌からして、昭和二十一年四月末で（たぶん四月二十九日の天長節）、恕一が戦犯として逮捕される直前に恕一が撮った可能性が高い。

夫の桑島恕一は大正五年五月三十日生まれで当時三十歳、妻の節子は大正十二年九月十二日生まれで二十二歳であった。

桑島恕一は、父・桑島忠一と母・ゑいとの間の長男として、山形県西置賜郡長井町で生まれた。

ここで私の郷里でもある山形県長井町を概観しておきたい。

長井の郷（現在の山形県長井市）は、かつては旧伊達家が収めていた所で、関が原以後、伊達家が仙台に転封された後は、上越から上杉家が替わって入ってきた。

ちなみに私の実家の本家にあたる、現在の長井市高野町にある通称「本家高野」は、伊達政宗の忠臣として知られている片倉小十郎の家臣であった。片倉小十郎の末裔は、現在は宮城県白石市に居られるが、工藤家一族と領主（お館様）との交流は今日に至るまでつづいている。

妻の節子と純一が写っている貴重な写真。昭和21年４月末、実家前。

以前、私の父もふくめて工藤家一同十数人が連れ立って白石市にいる旧領主を訪ねているし、また片倉の領主も「本家

桑島五郎一家。前列中央が桑島眼科医院の創立者の桑島五郎。２列目左から３人目が治三郎。

高野」に来訪されている。

長井町の宮大町にある、かつて片倉小十郎が居住したとされている小桜城址の案内板には、つぎのような文章が記されている。

「伝承によると、康平（一〇五八年）の頃、安倍貞任の姫、卯の花姫が宮村に館をつくり、源義家と戦ったので、『卯の花の館』と呼ばれている。伊達の時代になり、稙宗晴宗親子が争った天文の乱（一五四二年）が起こった時、宮村館は片倉伊賀守の居館で、伊賀守は智勇兼備の名将で、晴宗党として片倉一族や野川以南の村地頭を率い、強敵鮎貝《あゆかい》大立目・最上の連合軍を野川から蚕桑《こぐわ》境まで押し返し、晴宗の置賜制

伊達政宗時代、長井の庄を治めていたのは政宗の忠臣である片倉小十郎だった。その小十郎の家老格だったのが工藤家の先祖である。この写真は工藤の親戚一同（工藤会）が、昭和49年３月、宮城県小原温泉に15代当主片倉信光氏を招いて懇親の一夜を催した時の記念写真。前列中央は信光氏、抱かれているのは誠一郎、その横に夫人、信光氏の横に座っているのは今は亡き本家高野当主の重郎氏、２列目右から２人目は重郎氏の夫人・美砂子。３人目は筆者の母・はま、その隣は亡き父・正。

覇の糸口を作った。戦後の論功行賞で、片倉家総領の意休景親が宮館主となり、伊達氏の岩手山移封まで続いた。天正十五年の鮎貝討伐戦の時も伊達政宗は宮館を根拠地としており、北への備えの要地だった。一説には片倉小十郎景綱の居城であったという説もある。

宮村館は館の内一町歩ほどの濠と土塁をめぐらせた方形の館で、蒲生氏の時に廃された。小桜城の名は後世の命名である」

ちなみに工藤本家の「高野」は、代々工藤十郎右ェ門の名を継ぎ、今から二百年ほど前の文化十一年（一八一四年）作成の「家系申伝

佐々木清彦氏撮影による長井市全景。

書」には、「その昔、片倉小十郎は一万石を領し、館の内にいて、城郭は、本丸、二の丸、大手先までであった。（先祖は）片倉の家老の一人で、他の二家老は八郎平（屋敷）、林助（屋敷）である。先祖には十郎左ェ門と十郎右ェ門の二人の兄弟がいたが、兄の十郎右ェ門は片倉小十郎に従い仙台へ移封して行った。我が家（本家高野）は昔から持ち高五十石を所持し、文化十年から長百姓の役目にある」と書き記されている。「家系申伝書」に記載されている「宮村、……林助（屋敷）」は「元は黒澤氏の居宅なりし。住居は片倉小十郎の臣、某の屋敷にて、堀をめぐらし」とある。

現在、「本家高野」の屋敷は、合同庁舎（かつての山形県立長井女学校）が建っているところまであり、三千坪以上あるうえに周囲に今も多くの田畑を持っている。

合同庁舎を挟んでその裏につづく私の実家の土地は千坪あるが、かつては「本家高野」の地所だったと思われる。私の実家は「本家高野」の新家にあたる。

私の実家は代々染色業を営んでおり、「工藤染や」として、長井町や近在の人々に知られていた。

話は横道に逸《そ》れてしまったが、つぎに長井町の歴史について紹介しよう。

旧制長井中学校舎（上）と
旧制長井女学校の正面玄関。

長井は県南に位置し、西は飯豊山と朝日連峰、東は地元の人には一般に「東山」と呼ばれている山々に囲まれた盆地で、当地では松川と呼ばれている最上川の上流と、朝日連峰に源を発する最上川の支流である野川に囲まれた地域である。

長井の郷は、同じ上杉藩の領地内とはいっても、米沢とは気風を大いに異にしている。米沢は上杉藩の行政の中心地で東置賜郡の中心である。したがって武士的文化や気風の強い所であるが、西置賜郡の中心の長井は、最上川の河川交通の上流の荷揚げ地点として発達した商業の町であった。このためこの郷に住む人々の気質は一般に穏やかである。

この地の人は他人を疑うことを知らない。これは長井人の長所でもあるが、世渡りという意味では短所でもある。

半年間も雪に覆われた生活を強いられるため、この地の人々は互いに細やかな気遣いをしながら暮らしている。言葉遣いは非常に丁寧で、最後に「しー」を付ける。

たとえば、「そうですね」という場合は、「そうだなっしー」と言う。「ゴミをなげろ！」は「ごみを捨てろ！」の意味だし、「汽車からおちろ！」は「汽車から降りろ！」の意味である。

長井から米沢までは、以前は汽車で一時間ほどかかった。ところが、冬期はこの地は豪雪地帯であるため頻繁に運休や遅延が発生する。

このため長井町の青年の多くは、米沢の旧制中学・高校に進学することをせず、地元の旧制長井中学校（現在の県立長井高等学校）や旧制長井女学校に進むことになる。

実際、私の父もその兄弟四人全員が旧制長井中学校に入っているし、母も長井女学校を卒

大正９年、京都の大企業郡是製糸工場を長井に誘致した。郡是は「優良な生糸は教養のある女子の手で作られる」を社是として工女の技術・教養に力を入れた。この郡是製糸を背にする本町は町の商業の中心となった。

業している。そして私たち兄弟も県立長井高等学校を卒業している。その意味では桑島恕一、およびその兄弟五名と同窓である。『山形県立長井高等学校鷹桜同窓会名簿』を開くと、昭和九年卒業の第十回卒業生の中に恕一の名前が見える。

しかし、恕一の名は物故者の中にあるが……。その死亡理由を今の人間は知るまい。ちなみに治三郎氏の名前は、昭和六年卒業の第七回卒業生の欄にある。

松川（最上川）の桜並木の植えられている堤防の東に低く小さい堤防が残っているが、この堤防は江戸時代の初めに、越後から移住してきた横沢四郎兵衛たちが、ここの河原を開拓して田畑にしたとき、松川の洪水を防ぐために作ったものであった。

長井の船場《ふなば》は旧堤防に沿って出来た集落で、かつては松川の洪水の際はいつも浸水して悩まされたものだった。

船場が一躍脚光を浴びるようになったのは、元禄七年（一六九四年）のことであった。元禄五年、米沢藩御用商人の西村久左衛門が、米の大消費地である京・大坂に東北の米を運ぶ西回りの航路が開かれ、新潟・庄内・秋田の米価が一挙に二倍にも急騰したのを見て、それまでは最上川の舟運は河口の酒田から左沢までしか遡上できなかったのを、五百川渓谷の舟運を妨げる河床の岩を削り取って、長井まで舟を上らせ、米沢藩の余剰米を京大坂まで輸送することに成功した。

こうして米沢藩には、荒砥と長井宮に「舟場」が出来た。宮の舟場には、米の上米蔵三棟とお役屋が建つことになった。

この舟場は、米沢藩の表玄関としての役割を担った。そして宮村と小出村は、米沢藩の物資交流の拠点として大いに賑わうことになった。

米沢藩にとって最上川上流舟運の開通は、流通・交通・情報革命を意味していた。関西からは塩、木綿、古手、小間物、綿、干魚、畳表などが輸入され、長井からは米、雑穀、青苧、真綿、絹糸などが拠出された。こうして宮の舟場は、明治三十三年、汽車が赤湯まで開通するまでの約二百年もの間、繁盛した。

長井は今も昔も稲作が主な産業であることには変わりはないが、養蚕も非常にさかんな所である。

戦前から昭和四十五年過ぎまで、ここには「郡是製糸長井工場」があり、最盛期には千人を超す女工がいた。郡是製糸は長井近辺の女子の労働力の大部分を占めた工場だった。このため長井町周辺の農家は、女工の賃金が収入になって大いに潤った。

長井町の商店の中心は本町である。大正三年に長井駅が出来たことと、大正九年には従業員千人を超す郡是製糸工場がこの本町に建ったため、ここの商店街は大いに賑わった。日曜日や祭日などは、全寮制の寄宿舎から女工たちが、目の前の店々にどっと繰り出したため、俄然活気づくことになった。

昭和初期、都会を中心にいわゆる「文化住宅」という新しい形式の家が建ちはじめ、全国的に洋風化が進んだ。

昭和二年、長井町の商業の中心となった本町のど真ん中に、今回の主人公の桑島恕一の父忠一の叔父に当たる（叔父とは言っても五歳しか違わないが）眼科医の桑島五郎が鉄筋コンクリート二階建てのモダンな病院を建てた。

桑島恕一の父である忠一は、明治二十二年六月末（戸籍届出には明治二十一年二月十一日生まれとあるが、小学校入学のための生年月日には明治二十二年六月となっている。ここでは後者の生年月日を取る）、桑島次助ととめの間に誕生した。

ところが、忠一の誕生から二ヵ月ほど前の明治二十二年五月二日、父の次助は他界した。そのとき忠一の母となるべき次助の妻とめは、すでに懐妊していた。

父の死の直後に誕生した忠一は、元来、親の縁が薄かった。忠一が四歳になった明治二十六年三月、母のとめも同じく肺結核で他界した。

晩年、忠一が孫の純一のために書いた『老の繰言』には、つぎのように記されている。

「余二歳より三歳にかけて加登屋にて静養せしならん。加登屋の二の間の炬燵に南枕に添寝せられゐたること微かに覚ゆ」

とめは、夫の死後は、当時本町にあった婚家よりも実家の加登屋で病弱の身を養う日が多かった。

忠一の『老の繰言』はつづく。「余は病弱の父母より生まれたるを以て、幼時甚だしく虚弱。三歳母と共に加登屋より帰りたる頃は、『もう駄目だ』『青くはぜた』とて、加登屋より、先般より急使により駆けつけたること幾回なるを知らずと度々聞かせられたるものなり。幾度か生死の境を彷徨して漸く命を取り止めたるものらし。祖母の乳を呑むこととなりて、漸く人色を呈するに至れり」

忠一にとっては祖母にあたるきちは、忠一が生まれる一年前に末女・シゲを生んだ。

そのシゲはきちの母乳で育っていた。そこで祖母のきちはシゲが呑んでいた母乳を忠一にあたえることにした。

『老の繰言』の一節に、「斯くして三歳（母死亡の一年前より）一歳違いの叔母（シゲ）と二人して祖母に抱かれ、『今度から忠一に乳を呑ませねばならぬから、お前は止めて後ろに寝ねばならぬ』と教えられ、納得した叔母（シゲ）は、その後一度も乳をせがみたることなく、いつでも乳は忠一にとて、後ろに寝て不幸なかりし」とある。

祖母きちの母乳を呑むようになってからの忠一は、見違えるように健康になった。

一歳年長の叔母シゲが忠一の遊び相手となってくれ、また五歳年長の叔父・五郎（のちの桑島眼科医院長）も本当の兄のように可愛がってくれた。このため忠一には暗い影がまったく無く、まっすぐ育った。

母・とめの葬式の当日のことである。棺の蓋を覆わんとすると、忠一は丸桶に足を懸け、縁を押さえて背伸びして、会葬者の口を真似て、「またお出でな！」と言った。このため立ち並んでいた人々の滂沱《ぼうだ》の涙を誘うことになった。

一歳年上の叔母のシゲは、幼いながらも聞き分けよく、幼い甥の忠一の機嫌を上手にとり遊び相手になってくれた。

五歳年長の叔父の五郎は、忠一を背におんぶして遊んでくれた。五郎は、直径一寸ほどの

昭和15年元旦の桑島家。前列右から恕一、忠一、ゑい、
二男の敬二。後列右から和子、仲子、恭子、逢。

木で造った独楽《こま》を回し、幼い忠一が喜ぶと、何度も何度も繰り返し独楽遊びをしてくれた。こうしたことから忠一は、五郎の厚情を生涯忘れることは無かった。

これは後のことであるが、忠一の長女の恭《やす》子《こ》（大正九年十二月一日生まれ）は、『父とわたし』と題するエッセイのなかで、つぎのように書いている。

「父（忠一）の好きな投網打ちは若い頃から寸暇を割いてよく網の修理をしていました。座敷にドタッと網を広げて一コマずつ編まなければならない黙々とした姿は、昭和十一年頃まで続いていたように思います。夏休みに三角の笠にパンツ一つで足駄を履いてはよく出かけて、帰宅後は蚋《ぶよ》に刺された足に『キンカンを塗れ！』と、よく命じられたものです。

ある日、見事な鮎の大漁で機嫌よく帰ってきました。味噌漬けにしては時々眼科の叔父のもとに届けるのが習慣になっていたのですが、この日に限って母はそれをせず、晩のおかずにしてしまったのを怒って、『お前は他身《たしん》だから俺の気持ちなどわかるまい』と言って夕飯を食べないのです。『他身だ、他身だ！』と普段の父に似合わず何回もくどく言うのでした。母は一言も弁解せずうつむいていたのでした。六年生になっていた私は、父の嫌味が骨髄に染みてこの時だけは『大嫌いだ！』と叫びたい気持ちでした」

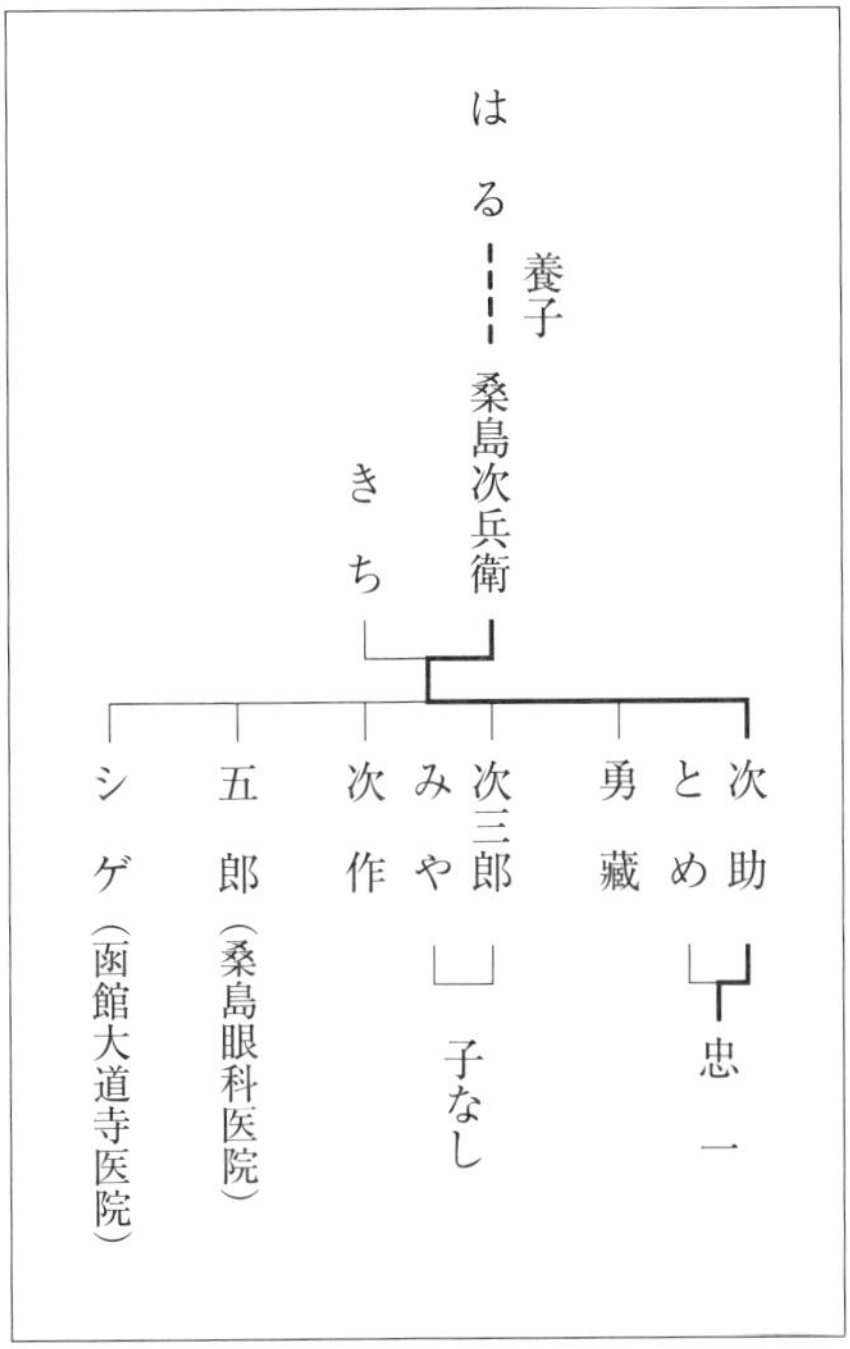

妻のゑいは、忠一が五郎に対して、叔父甥の関係を超えて恩義を感じていることを十分知っていた。だからこそ忠一は贈答品や珍しい品々が手に入ると、まずもって眼科の五郎叔父の所に持っていくことを常としていた。

ゑいとしても、このような忠一の気持ちを痛いほどわかっていたからこそ、夫の腹立ちの言葉にも一切抗弁しなかったのである。

こうした忠一の複雑な感情を、小学六年生になる恭子にはまだわからなかった。

忠一は父母を亡くした孤児であったが、桑島本家の総領が遺した一粒種を、皆が温かく見守った。

しかし、祖父の次兵衛が中風を患い寝たきりの身となったため、ただでさえ苦しい桑島家の家計が一層苦しくなった。

次兵衛の三男の次三郎は、弟の五郎、妹のシゲとともに、総領の兄次助の一粒種の忠一を大切に育てた。

忠一が保護者である次兵衛の孫として長井小学校に入学したのは、明治二十八年五月のことであった。このときは、すでに旧藩時代からの小出村と宮村は合併して長井町になっていた。

長井小学校は、小出村と宮村が境を接する中央に建てられていたが、当時、本町にあった桑島家からは、忠一が一年生、叔母のシゲは二年生、叔父の五郎は小学校高等科という具合に、三人の子供が賑やかに登校した。

次三郎が屋川村一弥の養女・みやと結婚したのは、忠一が十一歳のときであった。

結婚式を挙げてから四、五日たって忠一が凧揚《たこあ》げをして遊んでいると、糸がもつれてしまった。忠一には手に負えず、帰宅してみやに助力を願うと、彼女は一言の小言をこぼすことなく、丁寧に解してくれた。忠一はみやの優しい心遣いに深く感謝した。次三郎とみやには、子供が出来なかった。

そのうち五郎は米沢中学校に入学し、次兵衛の親友の楠川良平の医院に寄宿し、そこから米沢中学に通うことになった。

シゲは高等科四年の冬に、当時、県内における女子教育の最高府である山形県女子師範学校に合格した。

明治三十五年、五郎は米沢中学校を卒業した。五郎は上級学校に進むべく、その学費を蓄えるため長井小学校に代用教員として勤めることにした。

明治三十七年、五郎は長井小学校を辞め、仙台医学専門学校（現在の東北大学医学部）を受験して合格した。

この年の九月十七日、祖父の次兵衛は六十一年の生涯を閉じた。

明治三十八年、忠一は山形県師範学校に入学した。十七歳の忠一は、長井から赤湯まで徒歩で行き、そこから開通して間もない奥羽本線の汽車に乗って山形へ向かった。

忠一が入学した師範学校は、馬見ヶ崎川のほとりに三年前に竣工した。これから忠一は四年間、厳格な寄宿舎生活を送ることになった。

明治四十一年九月、皇太子（のちの大正天皇）の山形県行幸があり、忠一がいる師範学校にも光臨した。忠一は剣道部の主将として、皇太子の前で御前試合を披露した。

大正四年一月、二十七歳の青年教師の忠一は、小出台の片倉文六の四女・ゑいと結婚した。新婦のゑいは明治三十一年二月十一日生まれで、新郎の忠一より十歳年下だった。

忠一が草岡小学校から長井小学校に転任したとき、ゑいはまだ長井小学校高等科に在学中であり、いわば教え子でもあった。

それから一年四ヵ月たった大正五年五月三十日、忠一とゑいとの間に待望の長男が誕生した。

忠一は長男の誕生にあたり、次三郎は尊敬する国民党総裁の犬養木堂（毅）に書面を送り、その命名を乞うた。するとさっそく犬養から六月二日付でつぎの返信が来た。

「敬復　忠一氏の長男なれば恕一と御命じ成さるべく候。論語の夫子の道忠恕而已に取り、至極適当にこれあるべく候　不一

丙辰長月二日　　　　　　犬養毅

桑島次三郎様」

大正五年十月十四日、叔母・みやが他界した。そしてつづいて十一月十六日、叔父の次三郎も亡くなった。

大正七年二月六日、忠一とゑいに、次男・敬二が誕生した。

昭和五十四年七月、忠一の薫陶を受けた人たちによって『柴山桑島忠一』が編まれた。そのなかで、次男の敬二が『父の憶い出―馬のたまご』と題するエッセイを掲載している。教育者としての忠一の豊な人間性を遺憾なく表わしているので、ここで紹介しておきたい。

敬二が満州に出発する際に恕一と記念に撮った写真。左から恕一、敬二。

「六人兄弟の二男に生まれた私は、小さい時から長男とはいろいろ差がつけられていた。兄は立派な黒塗りの木馬を持っていていつも得意になって跨り、私には一度も乗せてはくれなかった。二年生になったある日、学校から帰った私は、こっそり木馬に乗って、パカパカと口で声をかけ、前後に揺りながら一人で遊んでいた。ところが一足遅れに帰った兄から引きずり降ろされた。私は早生まれだが、二つ違いの兄は背丈も大きく喧嘩となったのである。夕方学校から帰った父に、兄は自分の木馬に無断で乗っていた私の非を報告し、父の裁断を待った。

『敬二、ここに座れ！』と大きな声が頭上に響いた。『敬二、山口に行って、中川の爺《じっ》ちゃから馬の卵を貰って来い。お父さんが育ててやるからな。そしたらお前は思う存分それに乗るのがよかろう』

その晩から土曜日まで、嬉しさのあまり眠れぬ日が続いた。土曜日の午後四時ごろの汽車に大きなはけご（篭）を背負い、私は一人ポツンと乗った。鮎貝の駅に着くまで心は浮き浮きだった。

ふと『敬二、はけごを背負ってどこへ行く?』。大きな吉村啓作先生の声に驚いた。

『山口の爺ちゃに馬の卵を貰いに……』、『おお、では先生が連れて行ってやる』

先生は中川の家まで連れて行った。

中川の爺は、『ああ、小出《こいで》の敬二がはけごを背負って来た。よく来たな。何貰いに来た?』と喜んでくれた。

私は『馬の卵を貰いに来た』と言ったら、『ほほう、そうかそうか。よし来い。馬小屋を見に行こう』とばかり私の手を取り連れて行き、かがむようにして馬の腹の下を覗き見していたが、『今日はなさないようだなぁ。明日の朝早く起きて見に行こう』と、その晩は爺の風呂に入れて貰い、爺に抱かれて眠った。

『爺ちゃ起きろ！　馬が卵なしたか見に行こう』と爺を起こし、裏の馬小屋に行った。爺はまたかがんで馬の腹の下を眺めていたが、『とうとう今日もなさないなぁ……』と頭をひねっていたが、『仕方がない。鶏の卵でも持って行け』と卵を二十個ばかり新聞紙に厚く包み、はけごに入れてくれた。

　吉村先生は、『馬の卵を貰ったか？　今日は長井に帰るのか。先生がまた連れて行ってやろう』と汽車に乗せられ帰ったのであった。

次兵衛──次助
次助──とめ
　└忠一
忠一──ゑい
　├恕《じょ》一《いち》（大正五年五月三十日生）
　├敬《けい》二《じ》（大正七年二月六日生）
　├恭《やす》子《こ》（大正九年十二月一日生）
　├和《かず》子《こ》（大正十二年四月一日生）
　├逢《とおる》（大正十四年二月六日生）
　└仲《なか》子《こ》（昭和二年三月二十一日生）

　大きな馬が育つだろうとおもっていた夢も淡雪の如く消え去ったのである」

　大正五年、五郎は老母きちを甥の忠一に任せることに忍びず、長井に戻って眼科医院を開業することにした。

　大正十二年五月二十三日、

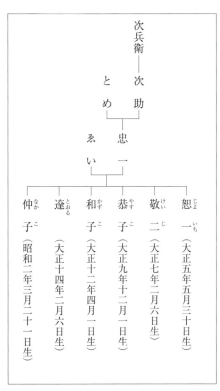

きちは七十六歳で他界した。大正十二年四月一日、恕一の小学校入学の朝、次女の和子が誕生した。そして昭和二年三月二十一日、忠一夫妻に三女の仲子が誕生した。

昭和六年春、忠一は鮎貝小学校長から長井小学校長に就任した。

この年、忠一は、境町（現在の栄町）の大通りを東に五十メートルほど入った真言宗の常楽院の東隣に、それまで五郎が所有していた二百坪ばかりの土地を譲り受けた。

新住居は長井町大字境町四百七番地である。この年の十一月三日、明治節にあたる寿ぎの日を選んで、新宅の落成を祝った。

それから七年たった昭和十三年五月二日付で、忠一は五十一歳のとき長井町町長に就任することになった。

当時、町長は公選制ではなく、町議会の選出に拠《よ》った。

明治四十二年から三十年の長い歳月を教育に捧げてきた忠一としては、政治の目標を上代の中国における聖王である尭や舜の政治を夢想していた。

昭和十三年四月末日、忠一は長井小学校長の職を辞した。

忠一が町長に就任しての最初の仕事は、長らく懸案になっていた一町五ヵ村で経営する公立病院の建設であった。

長井公立病院の沿革によれば、昭和三年十一月、長井町を中心にして近村で長井公立病院組合が設立された。翌昭和四年十一月に伝染病院が開設され、忠一が町長に就任した昭和十三年四月から一般病院の新設工事が宮の田端で始まった。

昭和十二年七月七日、支那事変（日中戦争）が勃発した。

昭和十三年四月一日、国家総動員法が公布された。この総動員法は戦時統制法規を集大成したもので、これによって労務、物資、物価、施設などを始め、国民生活の全般を勅令で政府の統制下に置くことを認めるものであった。政府に絶大な権限をあたえたこの法令は、戦時体制の根幹を成した。

桑島五郎の長男の格一と恕一は兄弟同然に育った。

昭和十三年夏から隣組制度がつくられた。町内会や部落会や隣組は、交隣相助、共同防衛を目的として、出征兵士の見送りや、遺家族や留守家族の救援などに利用された。

昭和十四年、忠一は町長となって初めての正月を迎えた。年末から東京医学専門学校に入学し、陸軍軍医委託生になっていた長男の恕一や、満鉄に入社し、大連にある南満工業専門学校に在学中の次男の敬二が帰省した。

忠一と三人の息子たち。この写真は昭和14年元旦と思われる。左から忠一、逢、敬二、恕一。

函館のミッションスクールの遺愛女学校を卒業し、山形県女子師範学校二部在学中の長女の恭子も寄宿舎から戻った。三男の逢《とおる》は長井中学校二年生、次女の和子は長井高等女学校四年、末女の仲子は長井小学校六年生であった。

　このとき忠一は五十歳、妻のゑいは四十一歳であった。

　この年の元日、桑島家では例年と同じように一家七人で総宮神社に初詣に出かけ、健康と多幸を祈願した。初詣が終わると忠一は男の兄弟三人だけで小学校の体育館に行って、初稽古に汗を流した。

　長男の恕一は、東京医専の剣道部で主将を務め、すでに四段の腕前になっていた。

　昭和十四年三月、長井公立病院が開設した。初代の院長には東北大学医学部出身の内科医志田蔵之助が迎えられた。

　長井公立病院は、内科、外科、眼科、耳鼻咽喉科、産婦人科、小児科を持ち、当初のベッド数は五十一だった。

これより二年前の昭和十二年八月、長井町の工場誘致委員は日本電興株式会社（現、東芝セラミック（株））および日本重化学工業（株）と工場建設用地として十万坪無償提供の契約を結んだ。

昭和十四年十月五日、忠一が町長に就任してから七ヵ月後、町議会で日本電興株式会社長井工場誘致の町議を決定した。

昭和十六年十二月八日、日本は太平洋戦争に突入した。

公立長井病院は、昭和14年３月、長井町町長・桑島忠一の尽力によって落成した。初代院長は志田蔵之助、副医院長は三上俊治。

昭和十七年一月六日の山形県の新聞各紙は、忠一が山形県翼壮年団長に就任したことを伝えた。

昭和十七年一月二十八日、二人の副団長と十名の理事が決まり、越えて二月八日、県下一万七千名の団員を擁する山形県翼賛壮年団の結成式が県会議事堂で行なわれた。

忠一は結成式の式辞で、「志を同じうする精鋭の諸

昭和17年９月、東芝長井工場開場式。

君と会同し、本日ここに山形県翼賛壮年団の結成式を挙げます事誠に感動に堪えません。……我日本の柱たらん。我日本の眼目たらんと弘誓し、不惜身命、大義に生き、大義に死する栄光を担うものであります」と決意を表明した。

昭和十七年四月、五年三ヵ月ぶりに総選挙が行なわれた。いわゆる翼賛選挙といわれたものである。

翼賛政治体制協議会が定数いっぱい推薦し、政府、翼賛会、市町村下部組織など、あらゆる団体を総動員して推薦候補者の当選に努力した選挙だった。

山形県一区からは、揚子江遡航航空部隊司令官で米沢出身の近藤英次郎海軍中将が立候補した。長井町の演説会場には、文士の菊池寛が応援弁士として登壇した。忠一も山形県壮年団長として近藤英次郎中将の応援に尽力した。

このことが縁となって、昭和十七年、恕一は近藤英次郎の三女・節子と結婚することになった。

昭和十七年五月、忠一は町長に再選された。

昭和十七年五月、東芝マツダ支社技術部長代理松本豊太郎を初代工場長に迎え、操業を本格化した。前年十一月、東京芝浦電気株式会社に、マツダ支所長井工場を設立し、あやめ公園一隅の民家を借り受け、電解コンデンサーの試作を開始した。

昭和十八年二月二十七日付で横浜の日本飛行機株式会社の協力工場として、資本金十九万五千円、株主百六名をして、長井航空工業株式会社が設立された。忠一は十八年四月十三日付で町長を辞めて、長井航空の社長に就任した。

忠一の妻・ゑいは、長井町婦人会長として銃後の守りに挺身し、西置賜郡国防婦人会長として忠一を助けた。

恕一は東京医専を陸軍軍医委託生として卒業したのち、さらに陸軍軍医学校に入学し、同校を卒業したのち、満州奉天陸軍病院に勤務し、軍医中尉に任官し、昭和十八年一月に奉天俘虜（捕虜）収容所に勤務した。

近藤英次郎海軍中将は明治20年、米沢市に近藤勇太郎の二男として生まれる。米沢中学校卒業目前に突如出奔して上京、新聞配達をしながら予備校に通い受験勉強をして明治38年に第36期海軍兵学校入校。日中戦争では第11戦隊司令として南京攻略遡江作戦の指揮をとる。昭和14年に予備役となるが、17年4月に衆議院議員当選。昭和30年、享年68歳にて逝去。

昭和十八年八月、次女の和子は軍医少尉島貫一夫と結婚し、満州綏陽に家庭をもった。

三男の逵《とおる》は県立長井中学校を卒業し、昭和十八年十二月に甲種予科練に入所し、やがて特攻隊に組み込ま

東京医専の文化祭。（上写真、前列左から２人目が恕一。下写真、前列左が恕一）

忠一夫妻と三男の逵、恭子。

れた。逵の予科練入所にあたり、忠一は山形県壮年団長として二百四十名の山形県出身者を新潟県坂町駅頭に見送った。

末子の仲子は昭和十九年三月に長井高等女学校を卒業し、ただちに父・忠一が社長を務める長井航空に女子工員として入社し、女子挺身隊の隊長として飛行機の生産に励んだ。

ところが、仲子は日本飛行機の横浜本社に派遣された一ヵ月の訓練の最中、激しい下痢に襲われた。四日間も絶食したにもかかわらず、その後、無理をして勤務したため人事不省に陥り、病院に運ばれた。

仲子はこの年の九月になって、なんとか長井の実家に帰宅することが出来た。しかし、五郎医師の診察の結果、第八胸椎にカリエスの兆候が認められた。そして昭和二十年一月十三日、仲子は十七歳の若さで他界した。

昭和二十年八月十五日、終戦を迎えた。この日は、総宮神社に隣接している馬頭観音の祭礼の日に当たっていた。

逢は甲種予科練として入所し、特攻隊に編入されたが、敗戦によって昭和二十年九月、長井の実家に戻って来た。生命は永らえたもののその後の生き方がわからず、その後、北海道の静内の牧場に渡り、憂悶の日々を送ることになった。

総宮神社（上）と馬頭観音。（佐々木清彦氏撮影）

次男の敬二は、渡満後二度にわたる現地召集によって軍籍に就いた。その間、昭和二十年二月二十五日、長井町新町の深瀬吉五郎の三女・きみ子と結婚し、通化で家庭を営んでいた。敗戦後の九月に奉天に移り、まだ日本に引き揚げていなかった。ちなみに新町の深瀬吉五郎宅は私の実家の四軒隣りである。

2 恕一、長井に帰還す

恕一は軍医中尉として奉天捕虜収容所に勤務していたが、昭和十九年十一月、軍医大尉に昇進した。その間、懐胎した節子を、出産のため長井に帰した。そのあと恕一は昭和十九年四月に北京の南苑航空隊に転勤し、さらに昭和二十年四月、済南航空隊付になった。

昭和二十年八月十五日、恕一は済南航空隊勤務中に終戦を迎えた。現地で武装解除され、十二月二十九日、父母と妻子が待つ郷里の長井に帰って来た。

このとき恕一は三十歳であった。ここで恕一は、一年半前に奉天で別れを惜しんだ妻・節子と一歳一ヵ月になったばかりの一粒種の純一と初めて対面した。

恕一が帰還したと聞いて、北海道の静内にいた逢も長井に戻って来た。四ヵ月ほど恕一は、桑島眼科医院を手伝ったり、長井駅で荷物運送の仕事をしたりして生活費の足しにした。一緒に働いていた人の話では、恕一の仕事ぶりには裏表がなく非常に真面目だったという。

昭和二十一年四月二十四日、桑島家に、次女・和子の夫である軍医少佐島貫一夫の戦死の公報がとどいた。

これまで桑島忠一の薫陶を受け、この年四月から長井町郊外の平野国民学校長になった西村直次は、四月二十九日の天長節の朝、桑島家を訪れた。

西村が辞去して玄関に立つと恕一が見送りに来て、

「先生、手袋は持っていますか。校長として勅語を奉読するのに、白い手袋が必要でしょう」と言った。

西村にとっては生活が底をついた時期でもあり、白い手袋など持っていなかった。すると恕一は、

「ちょっと待って！」と言い残して二階に上がり、軍医大尉として威儀をととのえるため用意していた真新しい白い手袋を持って来て、

「僕にはもう必要ないから、先生使ってください……」と言って西村に手渡し、ジーッと見

節子に抱かれる純一。

入った。

西村には恕一の眼がいつもとは何か違うような気がした。しかし、その理由はわからなかった。

じつは、その前日の四月二十八日のこと、山形地方世話部長の横山元少将が長井に来て、忠一に面会をもとめた。

席上、横山部長は忠一に対して、恕一が戦犯名簿に載っていると告げた。

しかし、「未帰還となっているから、当分そのままで……」ということであった。

四月二十八日夜、恕一は忠一から戦犯として名簿に載っていることを知らされたが、戦犯に該当するようなことは何一つ身に覚えが無かったので、そのままにしておくことにした。

四月二十九日の天長節にあたって、恕一は妻の節子と純一の三人で記念写真を撮った。

その日から十日後の五月八日夕方、恕一の実家からは二百メートルしか離れていない長井警察所から逮捕命令の伝達があり、その夜のうちに同署に勾留された。

母親のゑいは、

「けっして逃がしたりしないから、せめて今夜だけでも家に泊めてほしい！」と懇願したが駄目だった。

翌五月九日、恕一は家事整理のため短時間の帰宅が許されたものの、午後六時までに赤湯駅に自動車で護送され、赤湯駅から上野行の直行で、そのまま巣鴨プリズンに収監されてしまった。

二〇一五年七月十四日、筆者は恕一が巣鴨拘置所に収監されたときの記録を、国立国会図書館憲政資料室に収められているＳＣＡＰ（連合国軍最高司令官司令部）関係のマイクロフィルムの中から発見した。

巣鴨プリズンに収監されてからちょうど一ヵ月後の六月十日、恕一は巣鴨拘置所から空路、上海に送られた。

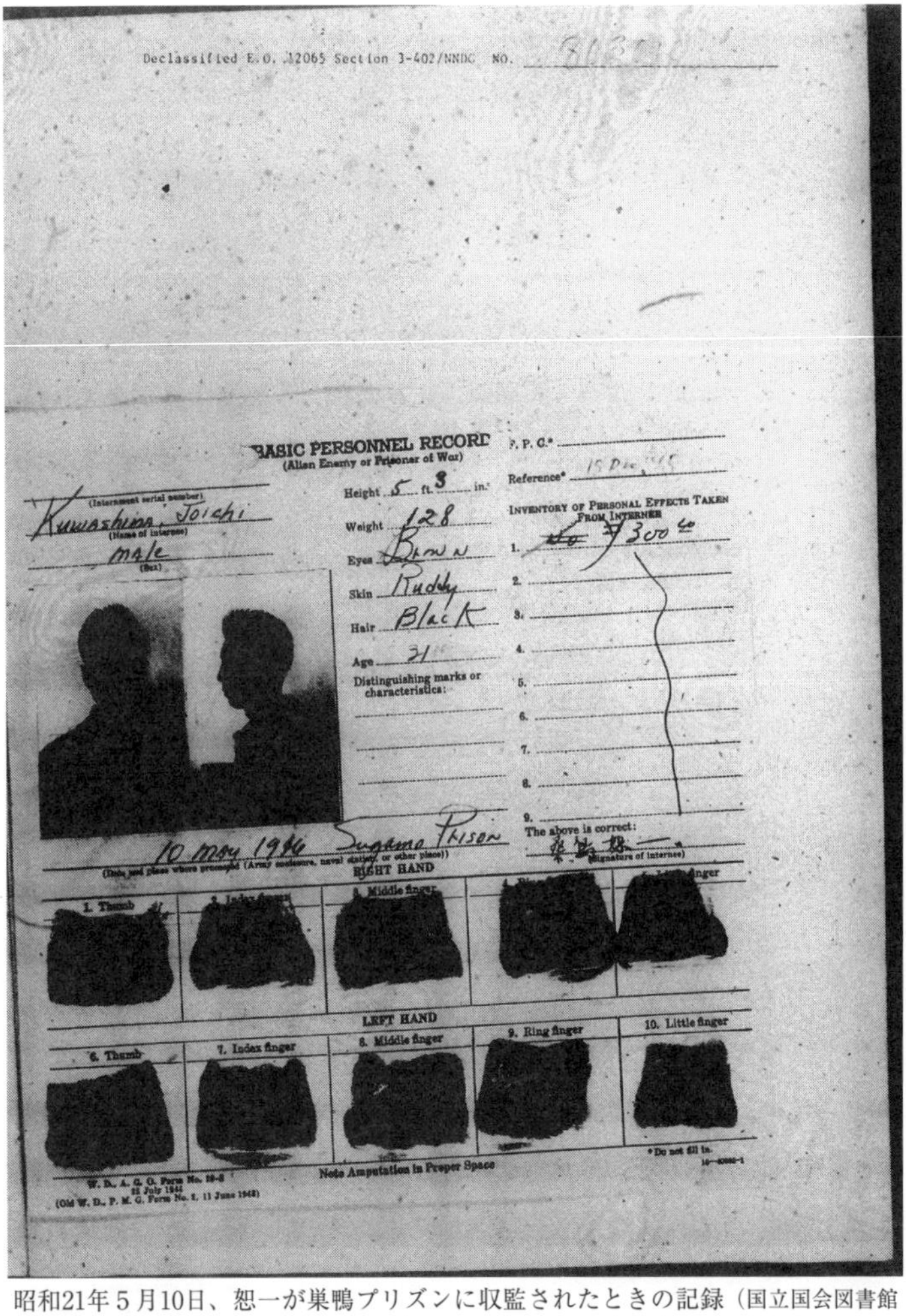
Declassified E.O. 12065 Section 3-402/NNBC NO.

BASIC PERSONNEL RECORD
(Alien Enemy or Prisoner of War)

(Internment serial number)
Kuwashima, Joichi
(Name of internee)
male
(Sex)

Height 5 ft. 3 in.
Weight 128
Eyes Brown
Skin Ruddy
Hair Black
Age 31
Distinguishing marks or characteristics:

F.P.C.*
Reference*
INVENTORY OF PERSONAL EFFECTS TAKEN FROM INTERNEE
1. ¥300.00
2.
3.
4.
5.
6.
7.
8.
9.
The above is correct:
(Signature of internee)

10 May 1946 Sugamo Prison
(Date and place where processed (Army enclosure, naval station, or other place))

RIGHT HAND
1. Thumb	2. Index finger	3. Middle finger	4. Ring finger	5. Little finger

LEFT HAND
6. Thumb	7. Index finger	8. Middle finger	9. Ring finger	10. Little finger

Note Amputation in Proper Space
*Do not fill in.
W.D., A.G.O. Form No. 19-2
22 July 1944
(Old W.D., P.M.G. Form No. 2, 11 June 1943)

昭和21年5月10日、恕一が巣鴨プリズンに収監されたときの記録（国立国会図書館憲政資料室所蔵マイクロフィルム）。〔Kuwashima Joichi〕と署名。〔身長5フィート3インチ、体重128ポンド、目の色ブラウン、皮膚色血色のよい肌、髪色黒、年齢31〕と記載。

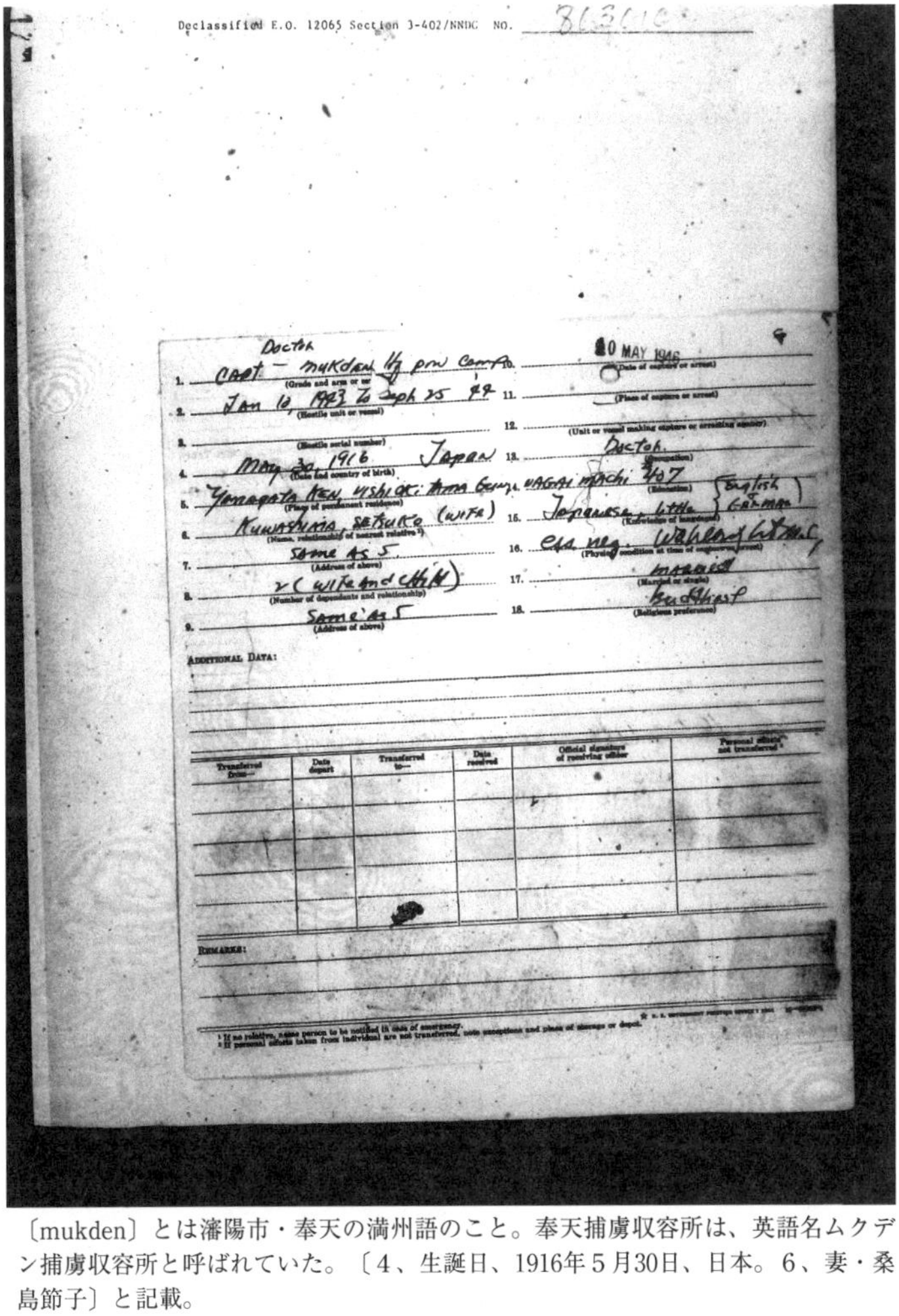
Declassified E.O. 12065 Section 3-402/NNDG NO. 863016

1. CAPT − mukden Hq pow Camp (Grade and arm or service)
Doctor
2. Jan 10, 1943 To Sept 25 '44 (Hostile unit or vessel)
3. (Hostile serial number)
4. May 30, 1916 Japan (Date and country of birth)
5. Yamagata KEN, NISHIOKITAMA Gunji NAGAI machi (Place of permanent residence)
6. KUWASHIMA, SETSUKO (WIFE) (Name, relationship of nearest relative)
7. Same As 5. (Address of above)
8. 2 (wife and child) (Number of dependents and relationship)
9. Same as 5 (Address of above)
10. 10 MAY 1946 (Date of capture or arrest)
11. (Place of capture or arrest)
12. (Unit or vessel making capture or arresting agency)
13. Doctor. (Occupation)
14. 407 (Education)
15. Japanese, little {English German} (Knowledge of languages)
16. (Physical condition at time of capture or arrest)
17. married (Married or single)
18. Buddhist (Religious preference)

ADDITIONAL DATA:

Transferred from—	Date depart	Transferred to—	Date received	Official signature of receiving officer	Personal effects not transferred

REMARKS:

〔mukden〕とは瀋陽市・奉天の満州語のこと。奉天捕虜収容所は、英語名ムクデン捕虜収容所と呼ばれていた。〔4、生誕日、1916年5月30日、日本。6、妻・桑島節子〕と記載。

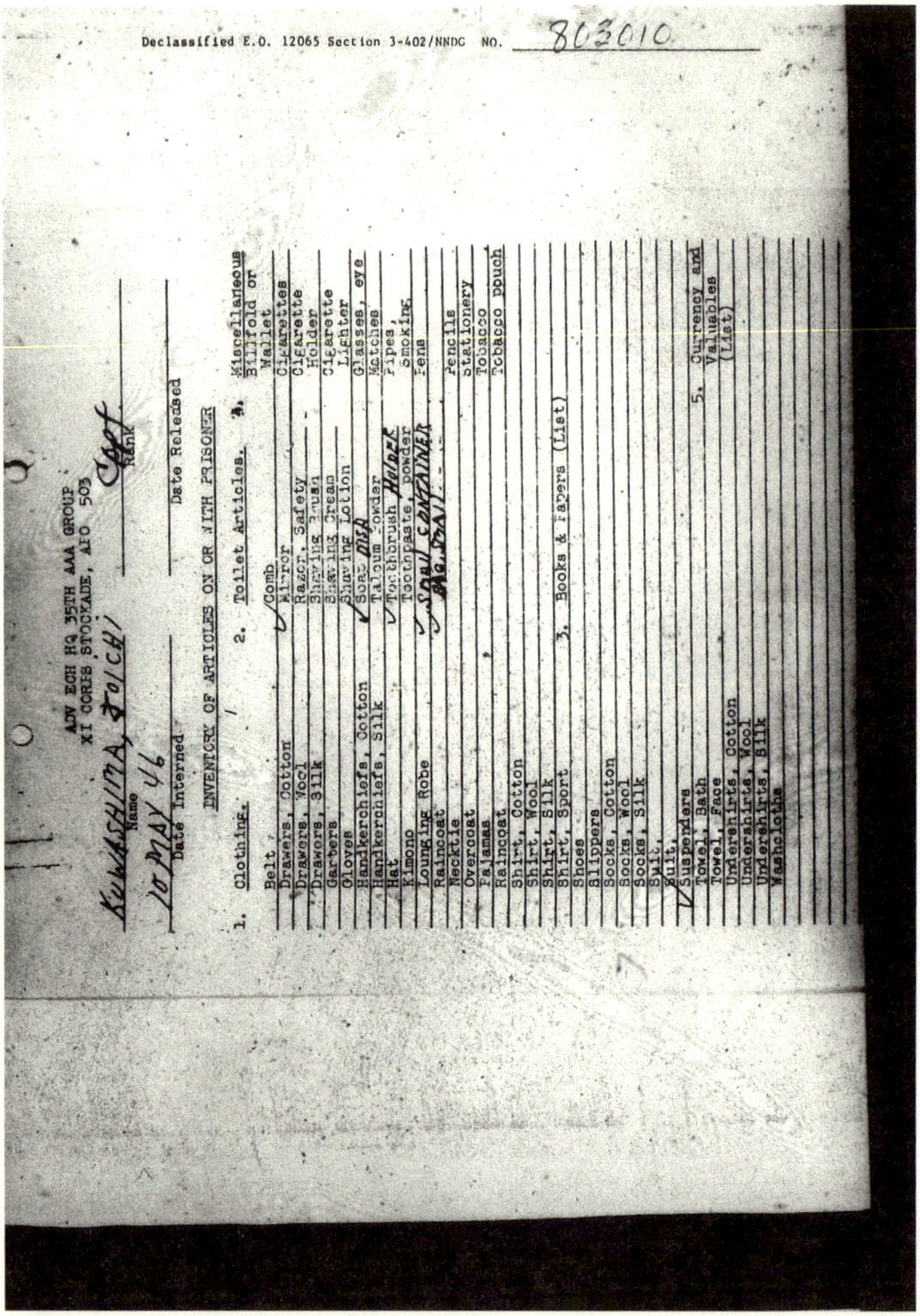

Declassified E.O. 12065 Section 3-402/NNDG NO. 803010

ADV ECH HQ 35TH AAA GROUP
XI CORPS STOCKADE, APO 503

KUWASHIMA, JOICHI — Name — Capt — Rank

10 MAY 46 — Date Interned — Date Released

INVENTORY OF ARTICLES ON OR WITH PRISONER

1. Clothing.
Belt
Drawers, Cotton
Drawers, Wool
Drawers, Silk
Garters
Gloves
Handkerchiefs, Cotton
Handkerchiefs, Silk
Hat
Kimono
Lounging Robe
Raincoat
Necktie
Overcoat
Pajamas
Raincoat
Shirt, Cotton
Shirt, Wool
Shirt, Silk
Shirt, Sport
Shoes
Slippers
Socks, Cotton
Socks, Wool
Socks, Silk
Suit
Suit
✓Suspenders
Towel, Bath
Towel, Face
Undershirts, Cotton
Undershirts, Wool
Undershirts, Silk
Washcloths

2. Toilet Articles.
✓Comb
Mirror
Razor, Safety
Shaving Brush
Shaving Cream
Shaving Lotion
✓Soap DISH
Talcum Powder
✓Toothbrush HOLDER
Toothpaste, powder
✓SOAP CONTAINER
BAG, SOAP

3. Books & Papers (List)

4. Miscellaneous
Billfold or Wallet
Cigarettes
Cigarette Holder
Cigarette Lighter
Glasses, eye
Matches
Pipes, smoking
Pens
Pencils
Stationery
Tobacco
Tobacco pouch

5. Currency and Valuables (List)

〔KUWASHIMA JOICHI〕と署名されている。〔1946年５月10日〕と日付。

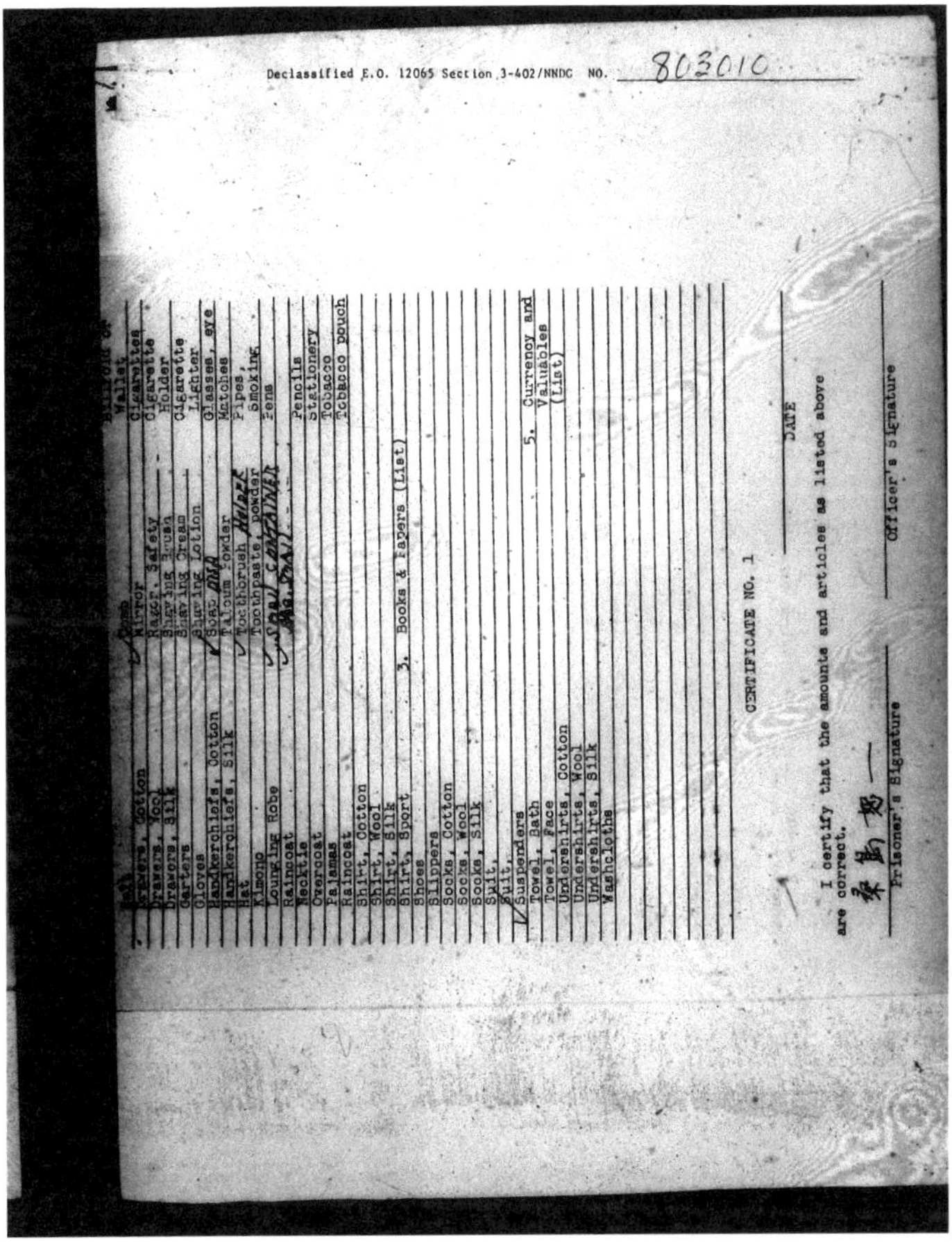

Declassified E.O. 12065 Section 3-402/NNDG NO. 803010

Drawers, Cotton
Drawers, Wool
Drawers, Silk
Garters
Gloves
Handkerchiefs, Cotton
Handkerchiefs, Silk
Hat
Kimono
Lounging Robe
Raincoat
Necktie
Overcoat
Pajamas
Raincoat
Shirt, Cotton
Shirt, Wool
Shirt, Silk
Shirt, Sport
Shoes
Slippers
Socks, Cotton
Socks, Wool
Socks, Silk
Suit
Suit
Suspenders
Towel, Bath
Towel, Face
Undershirts, Cotton
Undershirts, Wool
Undershirts, Silk
Washcloths

Comb
Mirror
Razor, Safety
Shaving Brush
Shaving Cream
Shaving Lotion
Soap
Talcum Powder
Toothbrush Holder
Toothpaste, powder

3. Books & Papers (List)

Wallet
Cigarettes
Cigarette Holder
Cigarette Lighter
Glasses, eye
Matches
Pipes, smoking
Pens
Pencils
Stationery
Tobacco
Tobacco pouch

5. Currency and Valuables (List)

CERTIFICATE NO. 1

DATE

I certify that the amounts and articles as listed above are correct.

桑島恕一
Prisoner's Signature

Officer's Signature

所持品リスト。〔桑島恕一〕と自署。

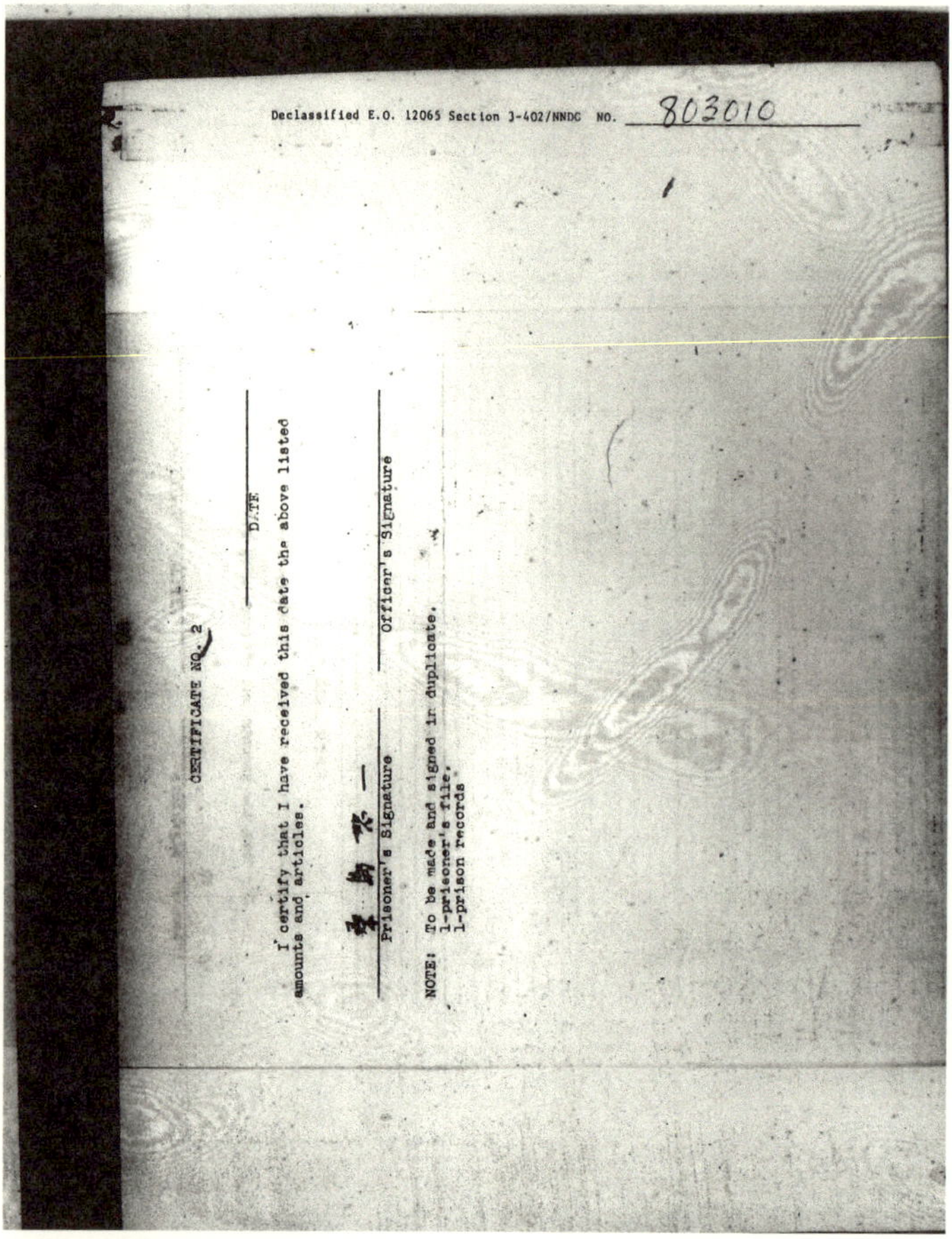
Declassified E.O. 12065 Section 3-402/NNDC NO. 803010

CERTIFICATE NO. 2

I certify that I have received this date the above listed amounts and articles.

DATE

桑島恕一
Prisoner's Signature

Officer's Signature

NOTE: To be made and signed in duplicate.
1-prisoner's file.
1-prison records

最後に〔桑島恕一〕と署名。

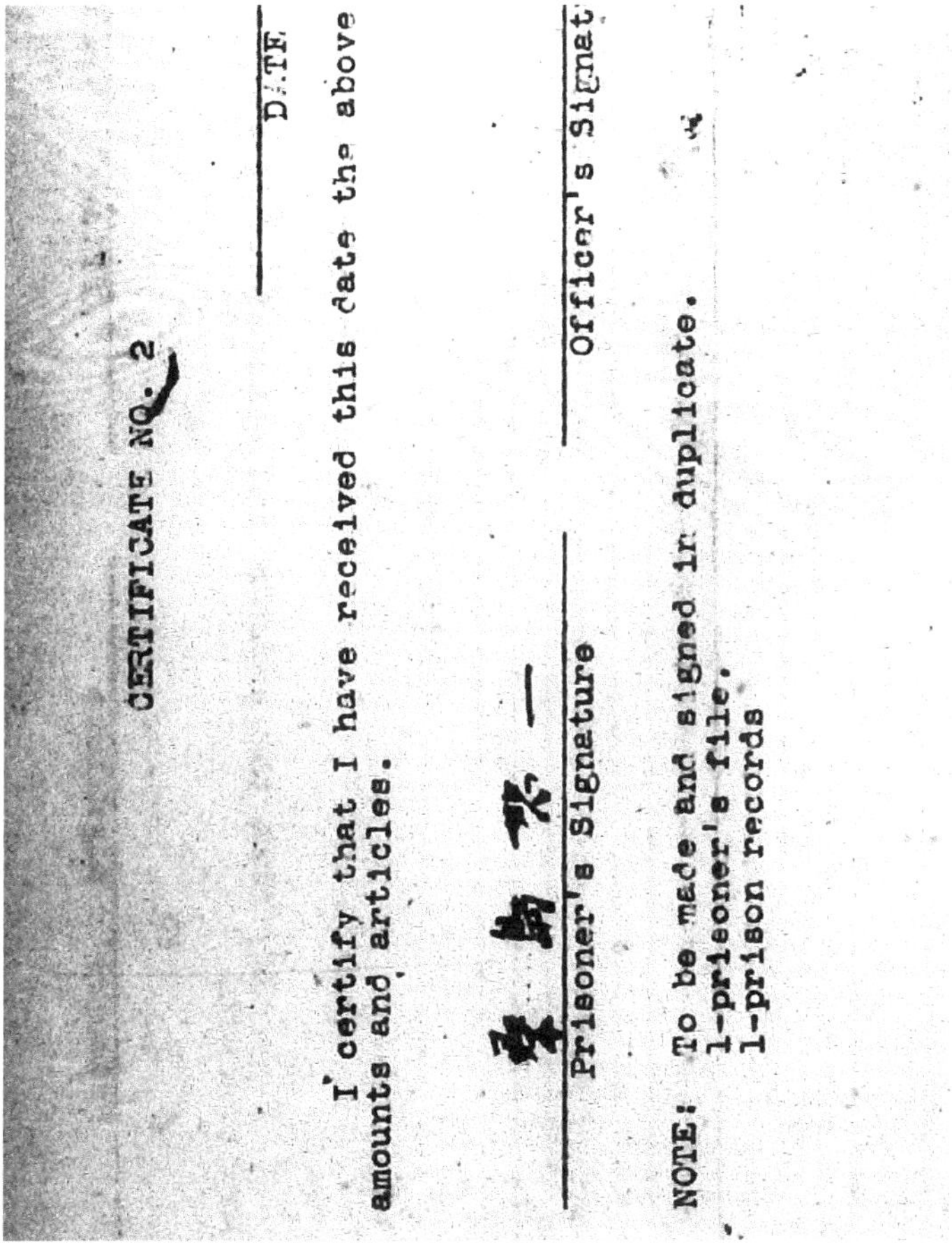

CERTIFICATE NO. 2

DATE

I certify that I have received this date the above amounts and articles.

Prisoner's Signature　　　　Officer's Signat

NOTE: To be made and signed in duplicate.
1-prisoner's file.
1-prison records

右のマイクロフィルムの署名部分を拡大したもの。

3 上海米軍裁判

二〇一五年七月十三日、私はふたたび国立公文書館に行ってみた。以前、同館を訪れた際、閲覧することができなかった【非公開】の部分に関して、「開示請求手続き」をするためである。

このとき私は、この【非公開】ファイルの中に、もしかしたら「桑島恕一の裁判記録」があるかもしれないと考えていた。

私があまりにも桑島恕一に関するファイルを見つけることに苦労しているものだから、公文書館の受付の女性が気の毒がって、こんどは同館業務利用審査員専門職の新井正紀氏を紹

潮書房光人社 出版だより

No.60

写真で見る明治の軍装

藤田昌雄　未発表の写真で甦る明治軍人の勇姿

帝国陸軍の軍服はいかに制定され変遷を重ねたのか。陸軍黎明期の被服制度を詳細に綴ると共に美麗写真にて再現した写真陸軍軍装史。

A5判／352頁／カラー口絵48頁／2900

局地戦闘機「雷電」

「丸」編集部編　海軍インターセプターの実力

海軍初の防空専用戦闘機として開発され、グラマラスなボディに大出力エンジンと強力武装を備えてB-29を迎撃した局地戦闘機の実力。

B5判上製／カラー口絵48頁入／3200

【軍極秘】各艦　機銃、電探、哨信儀等現状調査表

福井静夫 作成・編纂
【編集委員】阿部安雄・戸髙一成

マリアナ沖海戦後、大幅に増強された日本艦艇の対空兵装の装備状況を福井海軍技術少佐が詳細に記録、戦後保存していた貴重な史料。

B5判上製／オールカラー224頁入／8000

この「出版だより」に記載されている価格はすべて税別です。

東京都千代田区九段北1-9-11　振替*00170-6-54693　03(3265)1

ホームページは　http://www.kojinsha.c

行サイパン グアム テニアン[カラー版]	西村 誠	2200
行ニューギニア[カラー版]	西村 誠	2200
行ペリリュー アンガウル トラック[カラー版]	西村 誠	2200
局地戦闘機	野原 茂	2200
れの日本軍機秘録	野原 茂	2200
の飛行艇	野原 茂	2200
ドイツの戦闘機	野原茂責任編集	2800
日本の戦闘機	野原茂責任編集	3200
青春を賭けた男たち	野村了介ほか	2000
母艦物語	野元為輝ほか	2000
艦隊	橋本以行ほか	2000
部作戦部長 石原莞爾	早瀬利之	3600
二十五隻	原 為一ほか	2000
ギニア戦線 極限の戦場	久山 忍	2400
ニア戦線 鬼哭《きこく》の戦場	久山 忍	2300
近代未満の軍人たち	兵頭二十八	1700
日本の戦争Q&A	兵頭二十八	1800
高木惣吉正伝	平瀬 努	2300
-戦車I&II 戦場写真集	広田厚司	2200
戦車 戦場写真集	広田厚司	1800
号戦車 戦場写真集	広田厚司	2100
-戦車 戦場写真集	広田厚司	2000
フFw190戦闘機 戦場写真集	広田厚司	2200
ート戦場写真集	広田厚司	2000
アフリカ軍団 戦場写真集	広田厚司	2000
電探、哨信儀等現状調査表	福井静夫作成・編著	8000
帝国艦艇	福井静夫	3800
記	福山 隆	1900
中国の海軍戦略をあばく	福山 隆	1900
島防衛論	福山 隆	1900
軍人列伝[東日本編][西日本編]	藤井非三四	各1800
陸海軍は戦えなかったのか	藤井非三四	1800
軍糧食史	藤田昌雄	2300
陸軍 兵営の食事	藤田昌雄	2000
陸軍 兵営の生活	藤田昌雄	2400
治の軍装	藤田昌雄	2900
土決戦	藤田昌雄	2600

兄の戦争	船村 徹	1700
東京裁判の謎を解く	別宮暖朗 兵頭二十八	1800
満州歴史街道	星 亮一	1800
新選組を歩く	星 亮一+戊辰戦争研究会編	2400
戊辰戦争を歩く	星 亮一+戊辰戦争研究会編	2400
海軍戦闘機隊	「丸」編集部編	1800
局地戦闘機「雷電」	「丸」編集部編	3200
空母機動部隊	「丸」編集部編	1800
軍艦メカ日本の空母	「丸」編集部編	3000
軍艦メカ日本の重巡	「丸」編集部編	3000
軍艦メカ日本の戦艦	「丸」編集部編	3000
決戦戦闘機 疾風	「丸」編集部編	2800
【決定版】写真・太平洋戦争①	「丸」編集部編	3200
【決定版】写真・太平洋戦争②	「丸」編集部編	3200
最強戦闘機 紫電改	「丸」編集部編	2200
坂井三郎「写真 大空のサムライ」	「丸」編集部編	2200
写真集零戦	「丸」編集部編	3000
重巡洋艦戦記	「丸」編集部編	1800
心神vsF-35	「丸」編集部編	2800
図解 零戦	「丸」編集部編	2300
スーパー・ゼロ戦「烈風」図鑑	「丸」編集部編	2200
図解・軍用機シリーズ(全16巻)	雑誌「丸」編集部編	1900~2200
究極の戦艦 大和	「丸」編集部編	2000
日本兵器総集	「丸」編集部編	2300
ハンディ判 日本海軍艦艇写真集(全21巻)	「丸」編集部編	1262~1600
不滅の零戦	「丸」編集部編	2000
零式艦上戦闘機	「丸」編集部編	3000
空母瑞鶴の南太平洋海戦	森 史朗	3600
秋月型駆逐艦	山本平弥ほか	2000
海軍戦闘機列伝	横山 保ほか	2000
アナログカメラで行こう!①②	吉野 信	各2300
ブロニカ! 僕が愛した伝説の中判カメラ	吉野 信	2400
日本戦艦の最後	吉村真武ほか	2000
首都防衛三〇二空	渡辺洋二	3600
Uボート西へ!	E・ハスハーゲン 並木 均訳	2000
ライカ物語	E・G・ケラー 竹田正一郎訳	2500
戦艦「大和」図面集	J・シコルスキー 原 勝洋訳・監修	4800

単行本

自衛隊ユニフォームと装備100!	あかぎひろゆき	1700
戦艦「武蔵」	朝倉豊次ほか	2000
海軍護衛艦《コンボイ》物語	雨倉孝之	1800
海軍ダメージコントロール物語	雨倉孝之	1900
伊号潜水艦	荒木浅吉ほか	2000
軍艦「矢矧」海戦記	井川 聡	2300
頭山満伝	井川 聡	3400
まさにNCWであった日本海海戦	伊藤和雄	2100
現代ミリタリー・インテリジェンス入門	井上孝司	2600
現代ミリタリー・ロジスティクス入門	井上孝司	2300
戦うコンピュータ2011	井上孝司	2300
海の守護神 海上保安庁	岩尾克治	2400
ビルマ戦記	後 勝	1800
海鷲 ある零戦搭乗員の戦争	梅林義輝	2200
ミリタリー・グルメ 戦闘糧食の三ツ星をさがせ!	大久保義信	2300
イタリア式クルマ生活術	大矢晶雄	1700
呉・江田島・広島 戦争遺跡ガイドブック	奥本 剛	2300
【図解】八八艦隊の主力艦	奥本 剛	3400
陸海軍水上特攻部隊全史	奥本 剛	2300
特別攻撃隊の記録 海軍編 陸軍編	押尾一彦	各2200
日本軍鹵獲機秘録	押尾一彦 野原 茂	1600
日本陸海軍航空英雄列伝	押尾一彦 野原 茂	2300
〔普及版〕聯合艦隊軍艦銘銘伝	片桐大自	3000
これだけは読んでおきたい 特攻の本	北影雄幸	1900
特攻隊員語録	北影雄幸	2000
虚構戦記研究読本	北村賢志	2600
山本五十六の真実	工藤美知尋	2400
零戦隊長 二〇四空飛行隊長 宮野善治郎の生涯	神立尚紀	2700
撮るライカI・II	神立尚紀	各2300
坂井三郎「大空のサムライ」研究読本	郡 義武	2000
台南空戦闘日誌	郡 義武	2300
インドネシア鉄道の旅	古賀俊行	1900
戦艦十二隻	小林昌信ほか	2000
海軍戦闘機物語	小福田晧文ほか	2000
陸軍の異端児 石原莞爾	小松茂朗	2200
重巡十八隻	古村啓蔵ほか	2000

異形戦車ものしり物語	齋木伸生
戦車謎解き大百科	齋木伸生
ドイツ戦車博物館めぐり	齋木伸生
ドイツ戦車発達史	齋木伸生
ヒトラー戦跡紀行	齋木伸生
大空のサムライ	坂井三郎
正史 三國志群雄銘銘傳〔増補・改訂版〕	坂口和澄
死刑執行人の記録	坂本敏夫
一式陸攻戦史	佐藤暢彦
海軍大将米内光政正伝	実松 譲
陽炎型駆逐艦	重本俊一ほか
戦車と戦車戦	島田豊作
Nobさんの飛行機画帖 イカロス飛行隊1 2	下田信夫
Nobさんの飛行機画帖 イカロス飛行隊3	下田信夫
Nobさんのヒコーキグラフィティ【全】	下田信夫
海軍兵学校岩国分校物語	菅原 完
海軍空戦秘録	杉野計雄ほか
なぜ中国は平気で嘘をつくのか	杉山徹宗
海軍攻撃機隊	高岡 迪ほか
写真で行く満洲鉄道の旅	髙木宏之
写真に見る鉄道連隊	髙木宏之
写真に見る満洲鉄道	髙木宏之
日本陸軍鉄道連隊写真集	髙木宏之
日本軍艦写真集	髙木宏之
秘蔵写真に見る 世界の弩級艦	髙木宏之
満洲鉄道写真集	髙木宏之
満洲鉄道発達史	髙木宏之
母艦航空隊	高橋 定ほか
世界のピストル図鑑	高橋 昇
海軍食グルメ物語	高森直史
海軍料理おもしろ事典	高森直史
神聖ライカ帝国の秘密	竹田正一郎+森亮
海軍駆逐隊	寺内正道ほ
人間提督 山本五十六	戸川幸
日本海海戦の証言	戸高一成
史論 児玉源太郎	中村謙
太平洋戦跡紀行 ガダルカナル〔カラー版〕	西村

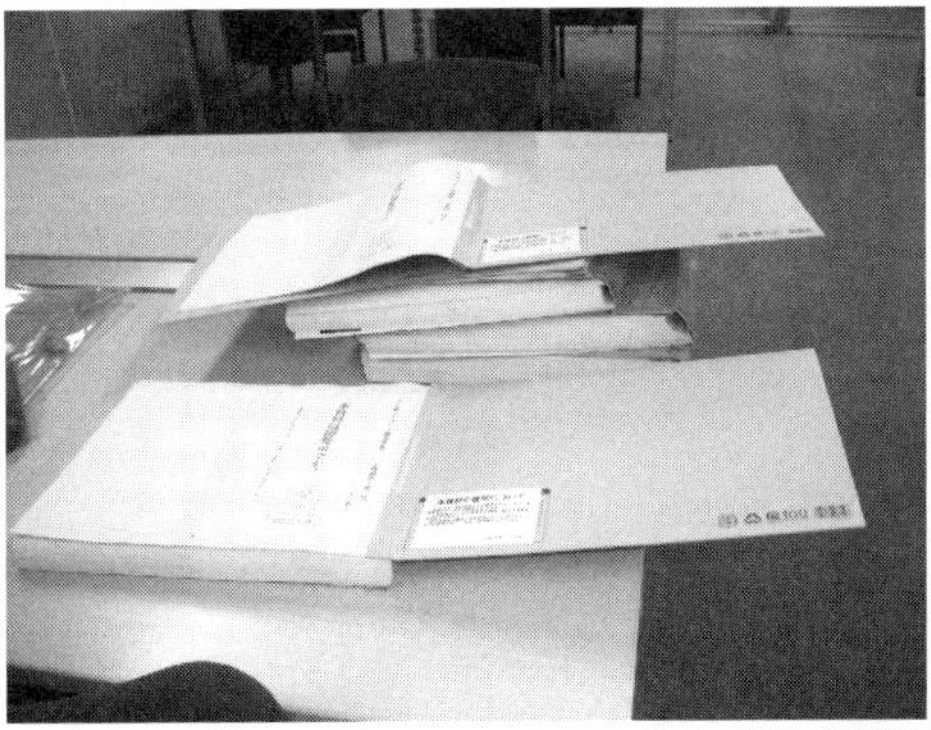

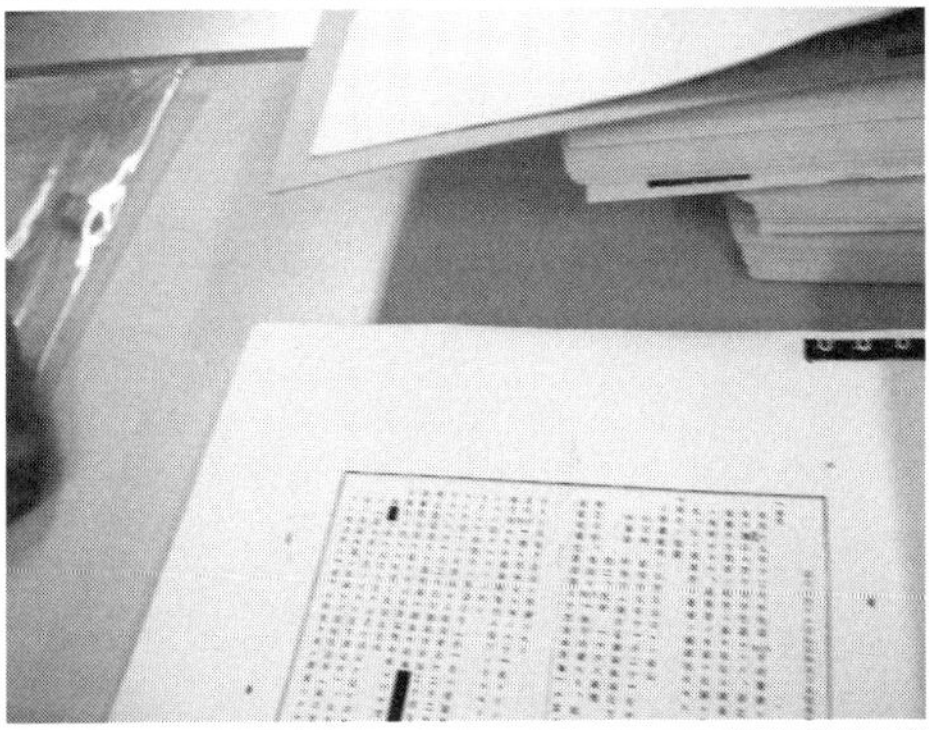

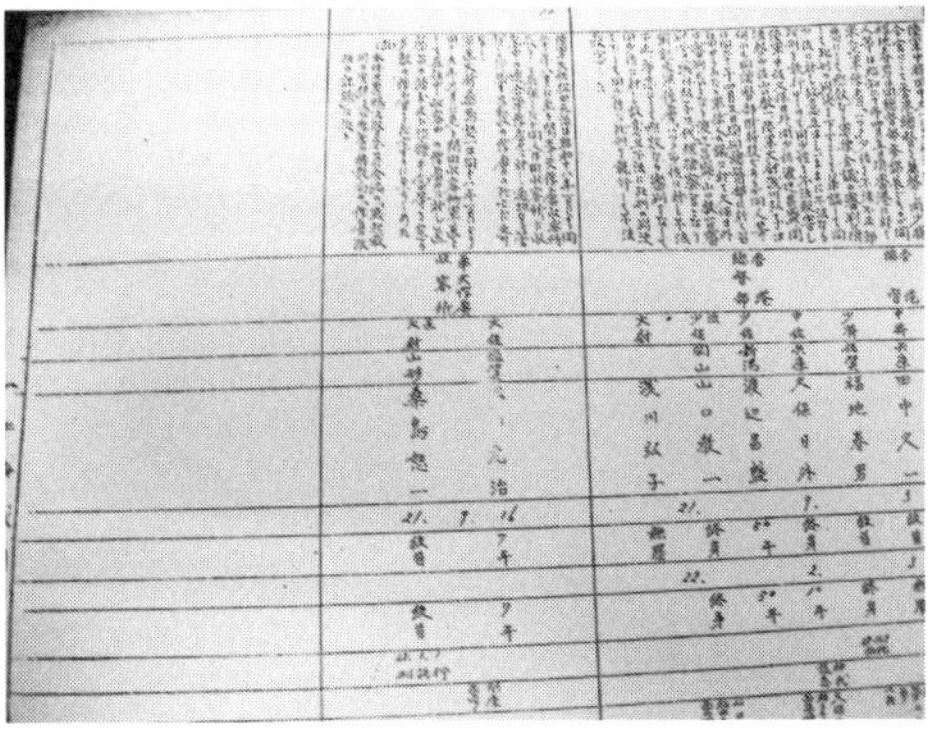

国立公文書館は東京都千代田区北の丸公園にある。日本政府行政機関等から移管された歴史資料として重要な公文書を保有して、一般に公開している。戦犯裁判関係の資料もここで保管されているが、関係史料のすべてがあるわけではない。また、プライバシーを守る観点から、公開されている資料もあれば非公開や名前などが伏字になった資料などが集積保存されている。

介してくれた。

そこでの新井氏の説明によって、同館に保管されている「上海裁判」の資料がどんなものなのかが初めてわかった。

新井氏によれば、「米軍上海裁判のファイル（記録）というものは米国側からこの裁判に関する記録が返還されているわけではなく、日本側が、これまで法務省が独自に調査してきた記録や日本人弁護士が収集した資料や、遺族から提供された資料や手記などをまとめてファイルしているもので、かならずしもすべての裁判記録を網羅しているものではない」という事であった。

「非公開のファイルの中に、桑島恕一に関するものは入っているのでしょうか？」という私の質問に対して、「それを調べるにはじつは、法務大臣官房司法法制調査部が作製した『米国戦争裁判概見表』があります。それを見ることによって、恕一事件の裁判記録が、どのファイルに入っているかを簡便に知ることが出来ます」と教えてくれた。

すぐに私は概見表を手にとって見た。すると恕一が裁かれた法廷が第十裁判であることがわかった。

さっそく、その第十裁判に関するファイルを再度開いてみた。しかし、そのファイルには、「原本なし」と書かれた一枚の紙が挟んであるだけだった。

ところが欄外には、つぎのようなメモが鉛筆書きで記されていた。

「陸軍大佐松田元治は、昭和十八年一月より同二十年八月に至る間、奉天俘虜収容所長として在任したが、同人は同収容中の連合軍俘虜に対し適切なる管理を行なわず、多数の俘虜を死亡に寄与し、軍医大尉桑島恕一は、同十八年より十九年三月に至る間、同収容所軍医として在任中、収容中の俘虜に対し、医薬品の供与および治療手当等を怠り、多数の俘虜を死亡するに至らしめた。
（注）本件は巣鴨法務委員会編「戦犯裁判の実相」および俘虜情報局の「俘虜取り扱いの記録」に拠る。
所属　奉天俘虜収容所
大佐（滋賀）松田元治　昭和二十一年九月十六日　判決　禁固七年
医大尉（山形）桑島恕一　昭和二十一年九月十六日　判決　絞首刑　昭和二十二年二月一日
関屋正彦」
恕一はその『獄中日誌』に、上海への途中に、「九州を通過したのは午後五時頃か。いつまた内地が見られるかと思い、上空より遥かに陛下の万歳と故国の人々の幸福を祈念した」と記した。

獄中で恕一は、つとめて明るく振舞っていたようだ。監視兵たちには「ダルマ」とか、「トウモロコシ」などというユーモラスなニックネームをつけ、その監視ぶりを皮肉っていた。

七月、この監視兵とも親しくなって、「僕がハーモニカを借りて、蛍の光、谷間の灯火、オールド・ブラック・ジョーを吹いたら、彼らも合わせて歌ったので、皆拍手した」と記した。

これより先、恕一は、六月二十五日から二十七日まで三回、取り調べを受けた。

恕一は、「自分ながらよくあれだけ一生懸命にやったものだと誇りを持っているくらいだから、事実を堂々と述べた。あの収容所に着任した当時の患者の惨憺たる状況を思い浮かべつつ、その対策などをこと細かく説明した」と記した。

しかし、この取り調べは、戦勝国が認定した「捕虜虐待」を既成事実としたうえで、あとは戦敗国の容疑者にその証拠を確認させ、「戦犯」に仕立て上げることに使われた。

恕一はたった三回の取調べで起訴されることになり、収容所長松田元治大佐と一緒の合同裁判にかけられることになった。

松田大佐は現職のまま逮捕され、早くから上海に移されていた。恕一が二年ぶりで会って見ると、以前にくらべると耳が遠くなり、ひどく老衰した感じがした。

合同裁判と決まったころの恕一の日誌には、「責任を誰がとるか、これが問題である。陸軍の収容所では衛生業務は部隊長の責任であり、軍医は補佐するのである。しかしもし衛生について不都合なことがあるとすれば、私はその責任をとる決心だ。部隊長が衛生業務をうまくやれなかったとすれば、軍医の補佐が足りなかったからだ」と書かれていた。

恕一は、昔の部隊長を庇《かば》い、みずから責任をとろうと考えた。

八月八日には、検事側の証人として米本国から呼び寄せられた元捕虜の最高先任将校のハンキンズと面会させられた。恕一はこのハンキンズとは元より面識があった。

八月二十一日、恕一に起訴状が渡された。

その日の日誌に、恕一は、「起訴項目は八項あり。びっくりするほど悪逆無道の人物にされたものだ。当時あの俘虜たちのために、僕は最善を尽くしてやったのにとも思われる。自分は思い残す事のないほど努力したのだ。だから如何なる結果になろうとも少しも恐れず、これ正に平常心か」と書いた。

恕一は公判までアメリカ人官選弁護士と二回の打ち合わせをした。恕一の場合、つねに松田大佐も同席だったため、さすがに日誌には、「何だか思うことが言えなくて困った」と記した。

席上、アメリカ人弁護士は、「この事件では二人のどちらも死刑になることは絶対にないから自分も気が楽だ」と言明した。

九月五日、いよいよ恕一に関する第一回公判が開かれた。検事の罪状読み上げののち認否を問われ、「無罪！」と答えてから、まず元捕虜の先任将校のハンキンズが証人台に立った。ハンキンズは、バターン半島の「死の行進」やコレヒドール島から奉天までの強制移動、途中はもとより到着後の劣悪な給食、虐待や患者が放置されて多数の死者が出たことなど、恕一がまったく関知しないことまでふくめて証言した。

翌日、恕一はその日誌に、「不利な証言ばかり。この分では首が飛ぶかも知れぬ。人の行為は善い面は少しも現されず、悪い面だけ強調されるものであると、しみじみ思った」と記した。

公判三日目には、もう一人の証人として、妻に手を引かれて盲目を装った元捕虜の下士官ギャグネットが出廷した。そのギャグネットは、「桑島に無根の事で縛られ、水を掛けられて一晩中拷問され、それがもとで失明同然の身になった」と証言した。事実ならば重大な捕虜虐待である。

ところが真相は、この下士官がメタノールを盗飲して酔っ払っただけでなく、急性中毒脳症を起こしたため、恕一によって胃洗浄などの救急措置がほどこされ、一命は取りとめたものの、高度の視障を来たしたであった。

控え室でこのギャグネットは黒メガネをはずして、この証言を扇情的に書きたてた英字新聞を拾い読みしていた。

さすがに恕一もその日誌に、「これによりいよいよ死刑は確実だ。今まで裁判というものに対して抱いていた感情と違ったものを覚えた。どうにもならぬものだろうか。……犠牲という感が強い。また日本と米国の相違が根本のようだ。われわれが最善を尽くしてやっても、普通どころか虐待になるのだ」と慨嘆した。

九月八日の日誌には、つぎの文が綴られている。

「日曜、公判は休み。午前中ちょっとの間ドアが閉められたので、反対尋問の事項を書いて……午後に弁護士を待っていたが、遂に……僕には来なかった」

ところが、頼りにしていたアメリカ人弁護士は恕一に対して、「証人台に立つのは不利になっても有利にはならない」と言って、彼の反対尋問を未然に封じた。

この策動の裏には二つの事情があった。その一つはアメリカ側の都合だった。

つまり偽証した下士官であるギャグネットは、米国社会ではすでに勲章と恩給を授けられたいわゆる「勇士」であった。したがって偽証がばれたら、不利になるとも有利にならないばかりか、それこそすべてを失うことにもなりかねなかった。弁護士と言っても、その前にアメリカ人であった。国の威信を損じ、勇士の名誉を傷つけることは避けたかった。

もう一つは日本側の弁護士の問題があった。弁護士と言っても元来が兵科の高級将校で、本人もいつ被告にされるかわからないような不安定な境遇に置かれていた。ましてや国際法などに関してはズブの素人だった。

日本人弁護士の関屋正彦は、責任者の捕虜収容所長の松田元治大佐さえ軽くすめば、恕一なども当然軽くなるものと判断していた。したがって、この合同裁判では松田の弁護だけに重点を置き、証人台に立つのも松田だけで、恕一が立つ必要はないと判断していた。

このため恕一は、医学上の問題を正当に釈明する機会を失ってしまった。

さらに恕一は、「捕虜虐待はその事実が認定されれば、命令の有無や階級の上下などに関係なく実行者個人が処罰される」というポツダム宣言第十条にある戦時国際法の規定を知らなかった。

公判第四日は、上記の検事側の証人を弁護士が尋問するかたちで進められたが、これまたバターン半島から始まって奉天に及ぶストーリーを蒸し返しただけに終わった。

つづいて検事側の供述書の読み上げがあった。それには捕虜軍医のものもふくまれていた。検事の傍証だから恕一に不利なのはある意味当然であったが、それでも恕一には相当に応えた。

その日記には、「何といわれても最善を尽くしてやったのだ。……どんな事でも悪く言おうと思えば言えるものだと思う。全くいやになる」と、善意が裏切られた憤懣を吐露している。

第六日と七日は、松田大佐が証人台に立って、検事、弁護士、裁判官の尋問に答えた。

恕一は、「態度堂々たり。真実を明確に返答される。……しかし私は証人台に立たされない。これでは有罪を認めたのも同じわけだ。致し方なし」と諦めの境地であった。松田大佐はアメリカ人弁護士と単独で数回打ち合わせをしたが、恕一にはただの一回も打ち合わせの機会が与えられなかった。

第八日には、合同裁判を通じてただ一回、日本人弁護人として小林陸軍大佐が弁論に立った。しかしこの小林大佐の弁論については、恕一の日誌には全く記載がない。

このあと休憩に入り、午後に再開されて、検事の論告が一時間半にわたってあった。しかし、このとき求刑はなく、判決は最終公判日の午後二時と予告されただけだった。

恕一はその日誌に、「顧みれば八日間にもわたる公判で証人台にも立たず、全く一言も発することなく終わってしまった。できれば証人台に立って、私も一言ぐらい弁護と反対尋問の言葉を述べたかった。八日間ただ傍聴して判決を受けるのと同じだ」と嘆いた。

そして最終公判では捕虜収容所長の松田元治大佐には懲役七年、恕一には「デス・バイ・ハンギング」の宣告が下った。

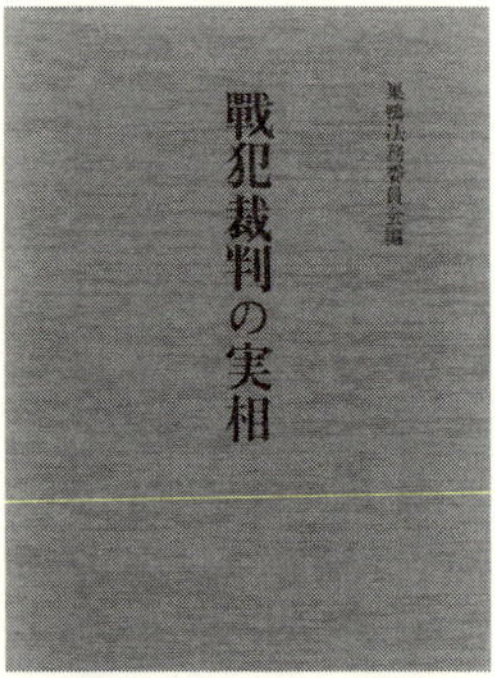

昭和26年、サンフランシスコ講和条約によって日本が再独立を果たした翌年の27年、不二出版からBC級戦犯裁判の全法廷と被告に関する裁判内容を網羅した本が出版された。この本によって、われわれは桑島恕一事件の概要を知ることができる。

じつはこの国立公文書館での調査の前に、私は国立国会図書館で、巣鴨法務委員会編『戦犯裁判の実相』という資料集を発見していた。さらにＢＣ級裁判で絞首刑になった九百八十四名の遺書を収集した『世紀の遺書』にもぶつかっていた。

こうした事から私は、『戦犯裁判の実相』以外に、「上海裁判」に関する基本資料はないということがわかった。

4 戦犯裁判

ＢＣ級戦犯は、ＧＨＱ（連合国軍総司令部）により横浜やマニラなど、世界四十九ヵ所の軍事法廷で裁かれた。

被告の総数は五千七百人で、このうち九百八十四人が死刑判決を受けた。このうち米国裁判にかぎれば、四百六十一もの裁判が行なわれ、被告総数は一千四百四十六人だった。

その内訳は、横浜が三百三十一裁判で、被告は一千二十九人、昭和二十年十二月十八日～二十五年十月十九日（米国裁判終了）＝①武士道裁判（米国、横浜裁判二十三号）、②花岡事件（米国、横浜裁判二百三十号）、③伊藤事件（米国、横浜裁判二百三十三号）、④東海軍司令

部B29搭乗員処刑事件（岡田ケース。米国、横浜裁判二百六十一号）、⑤石垣島事件、⑥ドーリットル事件だった。

グアムでは、二十九裁判が行なわれ、被告総数は百九人で、昭和二十年二月二十六日～二十四年四月二十八日まで行なわれた。
①父島人食事件（米国、グアム裁判十一号）や、②海軍生体解剖事件（米国、グアム裁判十七号）などがある。
クエゼリンでは、三裁判が行なわれ、被告は十八人だった。

マニラでは八十八裁判が行なわれ、被告総数は二百三十八人で、昭和二十年十月八日～二十七年にフィリピンに裁判を移管して行なわれた、①山下事件などがある。

上海では十裁判が行なわれ、被告は五十二人で、昭和二十一年二月十二日から怨一の裁判が終了する同年九月十八日までつづいた。

米国裁判のほかに英国裁判では、全三百十六裁判を数え、被告総数九百五十人だった。その内訳としては、①シンガポールでは百三十七裁判で、被告総数四百九十人、②ジョホールバルでは四裁判で、被告五人、③クアラルンプールでは五十裁判で、被告八十四人、④タイピンでは十七裁判で、被告三十六人、⑤アルスターでは二裁判で、被告三十六人、⑥ペナンでは一裁判で、被告三十六人、⑦香港では四十五裁判で、被告百二十三人、昭和二十一年三月二十八日〜二十四年十二月二十日までで英国裁判終了、⑧ラブアンでは六裁判で、被告十三人、⑨ジェッセルトンでは十四裁判で、被告十七人、⑩ビルマでは、カラゴン村事件などで四十裁判、被告総数百三十一人にのぼり、昭和二十一年三月二十二日〜二十二年十一月二十一日までつづいた。

オーストラリア裁判は、全二百九十二裁判が行なわれ、被告総数は九百六十人を数えた。そのうち、①ラバウルでは、百九十七裁判、被告人総数で四百八人にのぼった。

②ラブアンでは十六裁判が行なわれ、被告総数は百五十七人を数えた。「サンダカンの死の行進」が有名であるが、この事件はオーストラリア・ラブアン裁判十四号で裁かれた。

③香港では十三裁判、被告人は四十二人を数え、昭和二十三年十二月十三日までつづいた。主要な事件としては、ガスマタ豪軍飛行士介錯事件が有名で、これはオーストラリア・香港裁判十三号で裁かれた。

③シンガポールでは二十四裁判が行なわれ、被告人は二十二人を数えた。

④ウェワクでは一裁判が行なわれ、被告人は一人だけだった。これはニューギニア人肉事件と呼ばれ、オーストリア・ウェワク裁判一号で裁かれた。⑤ポート・ダーウィンでは三裁判が行なわれ、被告人は二十二人だった。

⑥マヌスでは二十六裁判が行なわれ、被告人総数は百二十一人を数えた。昭和二十五年六

月五日から二十六年四月九日まで行なわれ、六月十一日に最後の死刑執行がなされた。この裁判で事実上、ＢＣ級裁判は終了した。

⑦アンボン・モロタイでは十二裁判が行なわれ、被告人は百四十七人を数えたが、これはアンボン島豪軍捕虜殺害事件と呼ばれた。

オランダ裁判では全四百四十八裁判が行なわれ、被告総数は一千三十八人にのぼった。その内訳としては、①バタビアで百九裁判、被告人三百五十九人で、昭和二十一年八月五日～二十四年十二月十四日までつづいたが、インドネシアが独立したことによって、オランダ裁判は終了した。「白馬事件（スマラン慰安所事件）」は有名で、これはオランダ軍バタビア裁判の六十九号で裁かれた。

②メダンでは五十九裁判で、被告は十一人だった。③タンジョン・ピナンでは六裁判が行なわれ、被告は十一人だった。④ポンティアナックでは西ボルネオ住民虐殺事件が裁かれ、二十裁判が開かれ、被告人は三十八人にのぼった。

⑤バンジャルマシンでは十裁判で、被告は三十人、⑥バリックパパンでは二十裁判が開かれ、被告は八十八人、⑦マカッサルでは、三十六裁判が行なわれ、被告は九十二人、⑧クーパンでは二十一裁判で、被告二十四人、⑨アンボンでは四十九裁判で、被告七十九人、⑩メナドでは四十四裁判で、被告五十九人、⑪メナドでは四十四裁判で、被告五十九人、⑫モロ

タイでは、二十一裁判で、被告は六十五人、ホーランディアでは五十三裁判が開かれ、被告は五十七人にのぼった。

フィリピンのマニラ裁判（中村ケース）では全七十裁判が開かれ、被告総数は百六十九人にのぼった。

フランス裁判（サイゴン・ランソン事件）は、昭和二十一年二月十一日～二十五年三月二十九日まで全四十裁判が開かれ、被告人総数は二百三十一を数えた。

中華民国裁判は全六百五裁判が行なわれ、被告人総数は八百八十四人で、無罪判決は四十パーセントにのぼるとされているが、これは国共内戦における政策転換によるとされている。

その内訳としては、①漢口で七十九裁判、百六十三人の被告、②北京で八十九裁判、百十五人の被告、昭和二十一年四月八日～、③広東で九十三裁判、百七十人の被告、④瀋陽で百十五裁判、百三十六人の被告、⑤南京の「百人斬り競争裁判」では二十八裁判が開かれ、被告三十三人で、昭和二十一年五月三十日～、⑥済南では二十一裁判、二十四人の被告、⑦徐州では十三裁判、三十五人の被告、⑧上海では百四十四裁判が開かれ、百八十一人の被告、昭和二十四年一月二十六日までに中華民国による裁判は終了、⑨台北で十二裁判で、十六人が被告、⑩太原では十一裁判が行なわれ、十一人の被告人だった。

中華人民共和国による裁判では、全三裁判が行なわれ、判明した人数としては被告人総数が四十六人を数えた。ただし、戦犯容疑者は処罰されるよりも「忍罪学習」を受けることが多かったといわれている。瀋陽で三裁判、被告人は四十六人を数えた。

ソ連による裁判（ハバロフスク裁判）は、ソ連が連合国戦争犯罪委員会に参加しなかったため、その実体はわからなかった。

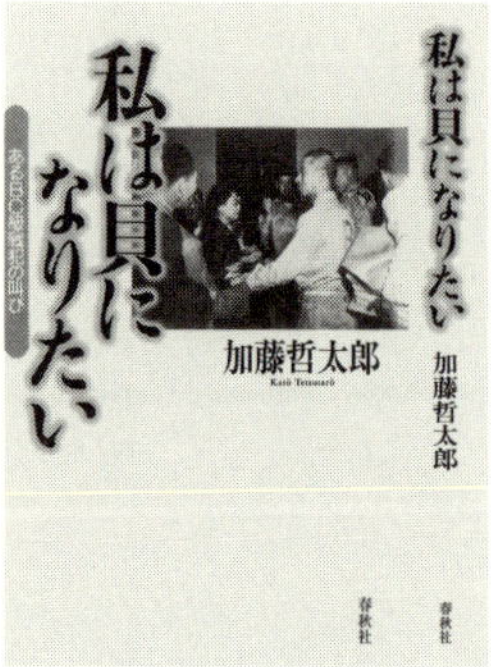

映画『私は貝になりたい』の原作となった加藤哲太郎の本。

軍事法廷は一審制で、被告人に控訴（上告）の権利は無かった。ただし、米軍による裁判では、死刑判決が出た場合は、かならず連合国軍最高司令官マッカーサー元帥の書類審査を受けることになっていた。

他国でも、たとえば英国などでは同様の書類審査が行なわれた。このため、死刑判決のあと、書類審査で減刑され、死刑を免れたケースも多かった。これらを便宜上、「再審による減刑」と呼ぶ。

裁判自体をやりなおしたケースはほとんどなく、加藤哲太郎が死刑判決を破棄されて改めて終身刑に、さらに禁固三十年に減刑されたものがあるぐらいだった。

5　上海監獄での虐待

敗戦後、各地で行なわれた米軍の戦犯法廷の一つに、中華民国上海華徳路監獄（Ward Road Jail）内で行なわれた、俗に「上海法廷」と言われたものがあった。

同監獄は米軍監視下に戦犯容疑者の収容を行なっていたが、同時に同建物の最上層階に法廷を設置し、収容中の容疑者の裁判を行なった。

この法廷で行なわれた米国の裁判は、敗戦後、中華民国国民政府の統治下に帰した支那大陸、満州、台湾などに発生した米軍の事件のみだった。

その裁判件数は、昭和二十一年二月一日、裁判開始より同年九月末頃までに全審理を終えた。

以下はこれらの裁判の状況と、同監獄内で恕一ら被容疑者が被った虐待の数々である。

各事件関係者は上海をのぞいて米軍の手により、あるいは中国、英国の手によって現地で逮捕され、最後に同監獄に収容されたが、その中にはこの監獄に至るまでに、すでに相当の虐待を受けていた者がいた。

このことは漢口憲兵隊本部長の憲兵大佐福本亀治が提出した、つぎの口供書によって知ることが出来る。

「一九四五年八月の終戦直後、米軍が昆明より中国漢口に進駐し、同年十月二十二日、米軍に出頭を要求され、そのままに空輸によって上海工部局拘禁所に拘禁された。

この拘禁所においては、十月二十二日から十月三十一日までの約十日間にわたり、セメント床の上に横臥させられ、つねに機関銃三梃を向けられて昼夜を問わず酔漢米兵の監視を受けた。

これら米看守兵は最も悪質で、昼間であっても頭を上げると水をぶっ掛けられ、夜間は故意に騒ぎ立てたり水をぶっ掛けたりして睡眠を妨害した。

加えて食事はKレーション中のビスケット五枚と小さな菜缶一つに白湯一杯で、これを一日一回支給するのみで、十月末の大陸の寒気の中、不眠、食糧不足、脅迫のため心身の疲労はその極に達した」

奉天捕虜収容所の所長であった陸軍大佐の松田元治は、支那側によって奉天で逮捕され、同監獄に来たときには歩行不能な状態にまで衰弱していた。

また、香港占領地総督部陸軍少将福地春男と法務大尉山口教一の両名は、同監獄に至る前の香港刑務所において、英国側よって言語に絶する虐待を受けていた。

このような虐待を被りつつ、昭和二十年十一月一日、漢口事件の一行が上海工務局拘禁所から同監獄に移送され、戦犯容疑者のため同所の使用を開始されると、逐次各地から米軍関係の容疑者が送られて来た。

同監獄の待遇は当初もっとも悪かった。

福本亀治が提出した資料には、「食事は、一日高粱粥一杯と支那米飯に漬物三切の二回のみ。入浴は全然なく、髪はぼうぼうと生え、あたかも熊のようであった」とある。

台湾軍関係者が同監獄に収容されたのは昭和二十一年一月二十四日ごろだったが、来て見ると食事は隣接している支那刑務所で作られたもので、その容器の不潔なことなど驚くべきものがあった。

その後、食事は逐次米軍野戦口糧（Ration）と交代され、五月ごろは一日にKレーション二、Cレーション一、それに週一回、米飯を加給される程度に改善された。

また、入浴は同年三月ごろから一回五分、週二回実施された。洗濯は各自が行なっていたが、一般日用品は洗濯石鹼、トイレットペーパーをのぞいて、歯ブラシ、歯磨き粉、紙鉛筆の類はまったく支給されず、わずかに同部隊等の差し入れによっていた。

なお、日本内地への手紙の差し出しなどはまったく認められておらず、裁判関係の調査官が内地に出張する際、その好意にすがって一回、提出を許可されただけであった。

人事管理は、米軍将校を所長とし、若干名の米軍下士官や兵、その他多くのインド人看守があたった。

そんななかでもインド人看守の対日感情は非常によく、日本人戦犯の最大の憩いとなった。いくつかの虐待行為をのぞき、ときどき行なわれる米兵の嫌がらせを耐え忍べば、割に平穏な日々がつづいた。

ところが、昭和二十一年四月十九日夜、台湾軍司令官安藤利吉大将が独房内において服毒自殺し、引き続いて二十四日夜には同軍法務部高級部員松尾正三少佐が縊《い》死《し》自殺を遂げた。

これを起因に起こったのが、同軍軍律会議関係者である参謀長諫山春樹中将、古川清一法務大佐、杉浦成孝中佐、中野良雄大尉、伊東忠夫法務大尉、松井正治法務大尉に対する特別監禁の虐待行為の数々であった。

当時の状況については、情報参謀であった杉浦成孝が、つぎの詳細な資料を提出している。

「たまたま昭和二十一年四月二十四日夜、事件関係者の一人である台湾軍法務部高級部員松尾少佐が独房内で自殺したところ、これに刺激された監獄長クラレンス・パーセック大尉は、私たち事件関係者中の主なる六名を、翌二十五日朝、監獄事務室に呼び出して、自殺予防と称して、全くの裸体として厳重な身体検査をした後、猿股一枚としたままで同監獄内最上層部にある独房内にそれぞれ監禁した。

当時の上海の気温は丁度日本内地の冬の寒さとほとんど同じで、全裸では全く歯の根も合わない冷え方で、寸時もじっとしている事が出来なかった。また独房の床はコンクリート、三方はコンクリートの荒壁、正面は鉄格子で、室内には取り付け製寝台、机、椅子、洋式便所があるだけで、ほとんど木製のところがなく、したがって寒気のため、裸体では腰を下ろすことも困難で、僅かに寝台の端、便所の縁に辛うじて腰をかけ得る程度であった。

最初日中はむやみに運動しながら暖をとっていたが、夜半になるにつれて疲れを増すので、思わず床の上や寝台の端にうずまり、わずかに横になったが、寒さのため到底長時間そのままの姿勢で居る事は出来ず、心身の疲労は極限に達した。このため寒気もあまり感じないほどになった。

第二日目、監獄長は医者を連れて来たが、未だ体力可能としてそのままにされた。

この間の食事であるが、第一日の昼食は支給されず、夕食からわずかにレーションの一部が与えられた。ところが飲み物は便所の水を使用させた。

このため三日目には一睡も出来なかった。寒さのためほとんどの神経は麻痺し、運動も茫然自失の状態であった。

三日目の午前、再び監獄長は医師を伴って状況を見て、体力が限度に達している事を確かめた。そして衣服一揃え（上衣袴のみ）と毛布一枚を支給した。その後もこのような状態のまま、最小限の衣食を支給するに止め、運動のため一回も室外に出すことなく、遂に七月一日公判開廷時まで放置された」

これらの残虐行為の目的とするものは、明らかに自殺を原因とする連座制にあり、そのやり方はまったく復讐そのものであった。

ただ、先に述べた六名のうち古川清一のみは、真裸にされることを免れた。それは古川が当時、歩行不能なまでにマラリヤによって衰弱していたためであった。

古川は、杉浦と同時に連行されたあと、米軍被服一着、毛布一枚のみをあたえられたまま、独房内に放置された。

古川は杉浦たちが真裸の期間中、一回も食事を摂ることなく、四、五日遅れて特別監禁に付されるため送られて来た。

古川は伊達実夫法務中尉、藤川健法務中尉と一緒に独房に隣接する雑房に移され、看病を受け、しだいに回復して行った。

　こうした残虐は、台湾軍軍律関係者のみならず、福地春男にも行なわれていた。

　その状況は、福地が提出した資料によれば、つぎのようなものであった。

「昭和二十一年四月二十四、二十五日頃の事である。台湾軍司令官安藤利吉大将が独房内で自決されたのに引き続いて同軍の高級法務部員松尾少佐が同様に自決を遂げ、監獄当局は興奮狼狽して、台湾軍関係者を全部特別監禁に付した。

　ちょうどその朝、当局の手を経て福地の許に差し入れがあり、その中に縫糸のカセ（長さ一尺ぐらいの束になったもの）があったので、私はそれを使用に便利なように、小さな糸巻に巻き替えていた。ところが不意にサージャント（軍曹）が入室して来て、物も言わずそれを取り上げて去った。

　間もなく先のサージャントに案内されて、所長の大尉が二世を伴ってやってきて、その糸巻きと糸カセとを示し、『何をしていたか？』と質問してきたので、『糸巻きに巻き替えていた』と答えると、二世の軍曹はそれを所長に伝えもしないで私に向かって、『所長は反対に考えている』と言って出房を命じた。

　そこで私が出ると、今度は五階の暗室官房につれて行って、全裸にしてその中に閉じ込めた。

その監房は畳半枚の広さで、周囲は革張りしてあった。このため光線は全く通らなかった。ここに私は真裸のままにして置かれた。便所などはもちろんなく、便器も与えられず、布団一つなかった。便意を催しても、巡邏に来た時頼んで、外部の便所に行く他はなかった。食事は一日一回だけで、裸のままに（パンツだけ貸した）元の房に連れ戻し、Kレーションの缶詰とビスケットだけ与え、二日間は他に何も与えられなかった。その後は台湾軍の連中と一緒に特別監禁された。その間理由は何も聞かされなかった。こちらからも一口も問わなかった」

結局、安藤大将等の自決に興奮して、福地は台湾軍関係ではなかったにもかかわらず台湾軍以外の唯一の高級将校であったため、自殺未遂と疑ったようだった。

このように台湾関係者に対する虐待やそれ以上の虐待行為が、自殺未遂や自殺防止の名のもとに平然と行なわれていた。

こうした一連の行為の裏に、米国人の正体が暗示されているようだった。

そのことは、つぎに述べる第三の虐待行為を見るとき、さらに明確になってくる。

かねて戦犯に対して激しい憎悪心を持っていた米軍曹は、なんら特別の理由もなく突然作業場より拘引して、三木遂と和光勇精の両名に対して懲罰を行なった。

それは八月二十日ごろの炎天下、三日間にわたる六フィート四方の穴掘り作業で、体力の消耗していた両名にとっては非常に辛いものであった。

今まで述べてきたのは、未決、既決の者に対する残虐行為であったが、こうした行為は、死刑囚として一日一日、死を待つのみの者にも行なわれた。

福地春男の証言はさらにつづく。

「昭和二十一年十一月頃上海監獄にあった日本人既決戦犯は、四名の死刑囚を残して全部日本内地送還となった。監獄にはその際裁判続行中のドイツ人二、三十名がいたが、その他には四名の日本の死刑囚だけで、監獄内の雑役作業に従う者が無くなったので、死刑囚を雑役に使用した。

四名の内二名（古川、杉浦の両名）は間もなく減刑になったので、二人が主として事務室等の掃除に使役されていたが、他の二名（福地、桑島）は最初のうちは運動のためと称して、構内の畑作を行なわされた。

そのうちボイラーの炭殻運搬、煙突掃除、自動車の手入れ、掃除等のあらゆる雑役を強制的に行なわせるようになった。

運動のためと称していたが、それまでは一度も戸外に出た事はなく、廊下を三、四十分歩かせるだけだったので、これらの雑役は全く運動とは名ばかりで、虐待のためであった事は明らかである」

巣鴨プリズンはさすがに日本本土内であるため、死刑囚に対してこのような残虐が課されることはなかったが、日本人の目の届かない外地においては、戦犯の名のもとに死刑を宣告されている者の中にも、死ぬまで苦しめ抜かれた者もいた。

6　処刑の実際

同監獄内で行なわれた死刑執行は、つぎのようにして行なわれた。

つぎの図は二階平面図面における死刑場の位置を示す（福地春男氏の資料より）。

「当時われわれ（福地）未決囚は、ａｂｃのそれぞれの独房に収容されていたのであるが、一九四六年二月二十八日漢口事件の判決があり、舘木正隆少将、藤井勉憲兵准尉、増井昌三憲兵曹長、増田耕一憲兵軍曹、白川興三郎憲兵伍長の五名が死刑囚としてｄの一角のそれぞれの独房に拘禁された。

やがてマッカーサー司令官の再審も終わり、一名の減刑もなく死刑執行となったが、いよ

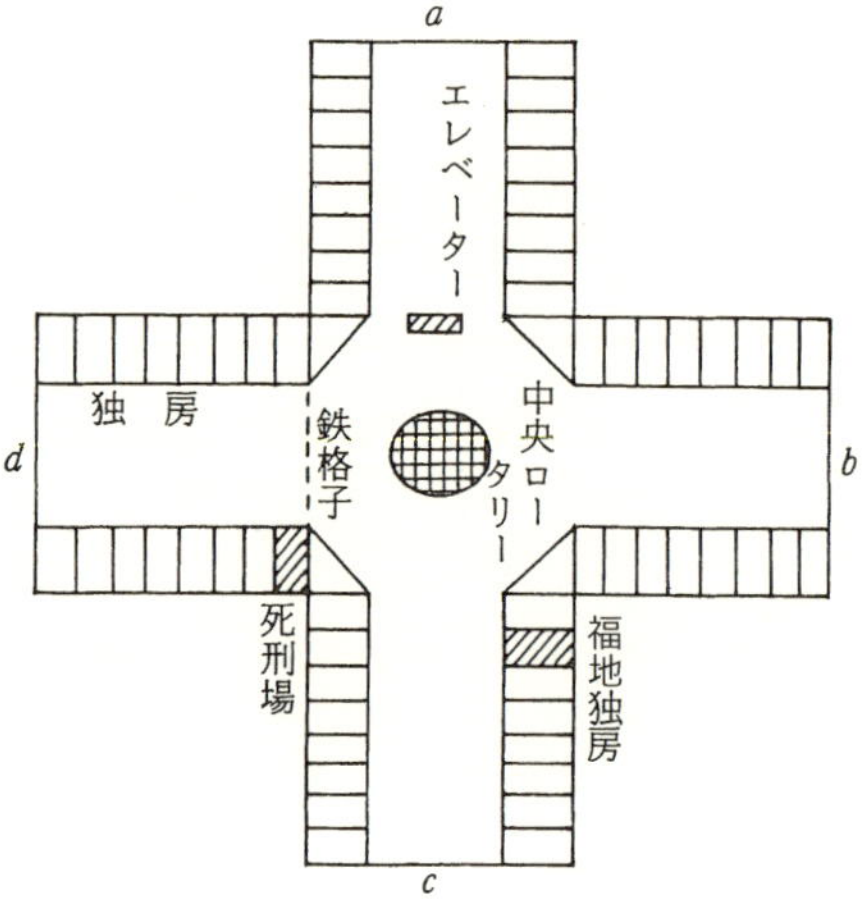

上海監獄の独房略図。

いよその前夜、これら死刑囚はそれぞれの居房からわれわれに対して最後の挨拶を送ってきた。同年（一九四六年）四月二十二日午前九時頃、処刑場より七メートル位の距離しかない私の独房に五回に亙って激しい音を響かせて、それぞれの刑の執行が行なわれた。

当日は、早朝より我々の独房は木の扉で閉められた。このため外部を望見する事は出来なかったが、騒々しい足音と共に生涯にない不愉快な数時間を送らされた。

刑の執行が終わった後、私は米兵により独房から引き出され、dの一角の清掃を命ぜられた。

廊下上に散乱する数百の煙草の吸殻を掃きながら、このおびただしい観覧者の中に、立たされ一人ずつ刑場へ曳かれて行った五名の同胞の事を考える時、いかに勝者とはいえそのやり方の報復的なことに、心から怒りを感じた。また後の清掃を同じ日本人に命じて平然としているに至っては、その神経の図太さに驚く他なかった」

この後、恕一に対する死刑執行が行なわれた。

福地春男の資料によると、恕一に対する処刑の実際は、つぎのようなものであったという。

「桑島氏の死刑執行は確か一九四七年二月一日午前八時と覚えているが、その前日の午後、本人に通達された。当時桑島氏の居房は死刑執行室より一部屋置いた隣で、その外隣に福地、向かいの二房に古川、杉浦両氏がいた。

執行の日、福地ら三名は七時半頃、臨時に居房に移され、同じ階の一番外側の独房に入れられ、鍵を下ろされたので、十分様子を知る事は出来なかった。

しかし前日に新しい服を着せ、遺書等も書かせ、また希望を入れて日本人牧師との面会があった。執行後、（恕一の）遺体を棺に入れ、黒布をかけて丁重に運び出すのを見た人もいる。

ただ故意か偶然か知らぬが、その二、三日前に桑島氏を含むわれわれ四人に対し、日本内地還送のためと称して予防注射が行なわれた。このため桑島氏および福地は、少なくとも死刑執行は内地で行なわれるものと期待し、せめてもの慰めとしていた」

7 上海における戦犯裁判

戦犯裁判はウェデマイヤー司令下の在華米軍により構成された軍事委員会（Military Commission）によって行なわれた。

その裁判の対象は、「戦争法規や慣例の違反」に該当する通常の戦時犯罪である。何が「戦争法規や慣例の違反」であるか、大陸法系の罪刑法定主義のない裁判であってみれば、結局のところ、その犯罪類型も量刑の範囲も米国によって自由に決定された。

米国の軍事委員会が古い伝統の上に作られたものではなく、今回の大戦の産物であってみれば、犯罪類型といい量刑といってもそこに独断と矛盾が横行するのは当然であった。

そこでの裁判手続きは、日本人にとっては馴染みの薄い米国流の当事者主義であり、そこに認識のズレが相当あった。

たとえば、米国の裁判は、日本流の実体的真実発見ではなく、むしろ検事と被告との間に展開される一つの勝負という観が強かった。こうしたやり方は米国人の正義感にはアッピールするかもしれないが、日本人の正義感にはとうてい受け入れられるものではなかった。

こうした戦犯裁判では、つねに戦勝国の勝利で終わり、敗戦国の敗北に終始した。一応、外形的には矛盾なく行なわれた裁判であっても、高次の正義理念からは批判されてしかるべきものであった。

上海の戦争裁判は、類型的に見て、「虐待事件」、「不法殺害事件」、「軍律会議事件」の三つに分けられた。この三類型にしたがって、具体的事件について見ることにしたい。

虐待事件は一番多く、上海捕虜収容所、奉天捕虜収容所の収容所関係と、上海滬西憲兵分隊、台湾軍情報部の一般部隊関係に分けられた。

(A) 捕虜収容所

捕虜収容所としては、上海捕虜収容所と奉天捕虜収容所の二ヵ所があった。これら捕虜収容所関係の公判においてもっとも大きな特色は、捕虜の証言が絶対的価値を有していたことであった。

捕虜の証言の前には、日本人の弁解などは二束三文の価値も無く、生殺与奪権さえ握っていた。これは軍事委員会の法的性質から生まれて来るものであった。軍事委員会は米司法権に基づくものではなかった。米行政権の作用に属するため、その証拠の許容も評価も、ともに普通法の煩瑣な規則に従うことを必要としなかった。このため捕虜の証言の絶対性という現象が生じることになった。

収容所関係の事件でもっとも哀れであったのは、第二回目の奉天捕虜収容所裁判の軍医大尉桑島恕一の場合で、同収容所勤務の三木遂中尉は、つぎの資料を提出している。

「桑島恕一氏は、一九四三年一月から一九四四年三月ころまで、満州国奉天捕虜収容所（所長元陸軍大佐松田元治、収容所捕虜米軍兵約一千三百名、英軍将兵百名）付属医として勤務しました。

その間、一九四三年一月から同年十二月まで、私は同所職員（当時、陸軍中尉捕虜監視将校）として同氏とは公私を共に昵懇に交際し、その性格行状についても詳細に知悉している間柄であります。同氏は性質温厚にして責任観念旺盛、在任中は後述の如く、健康上最悪の状態にあった米軍捕虜に対し、献身的に診察治療に当たり、われわれ素人目には治癒困難と思われた幾多の重症患者を快癒せしめました。

一九四二年（昭和十七年）十一月十一日、捕虜が奉天に到着した際の状況を申し述べますと、彼らの大半はバターン、コレヒドール籠城当時から飢餓に苦しみ、また栄養失調、アミーバ赤痢、マラリヤ等に冒され、投降後キャバナツァン収容所における生活と奉天への長途長期の輸送（一九四二年八月〜十一月）の間、これらの病状は進行し続け、奉天到着の時は文字通り骨と皮に痩せた者、少なくとも一日五、六回から多い者は三十回以上も下痢をする者が大多数でありました。

上写真は奉天捕虜収容所の全景。下写真は1942年11月、米英軍捕虜が奉天収容所に到着したときの光景。

台湾の高雄までの船中で死亡した者四名、高雄から釜山までの船中で死亡した者二名、釜山から奉天までの輸送に堪え得ないで、釜山の兵站病院に入院した者が六十名足らず（その中の四十四名は死亡しました）、奉天駅から北大営収容所まで担送されて収容所到着後、約一時間して死亡した者一名、到着の翌日は三名死亡、診断患者は七百名を超え、入室者四、五十名、その中の約半数はアミーバ赤痢患者で別棟に隔離されました。

最初の収容所付軍医は金子少尉で、この大量の重症患者に対して、設備、薬品、衛生部員ともに極度に不足しているのに心痛し、上司に善処方を要望したのですが、急場のため間に合わないので、同氏は自費で投薬（エメチン等）したり、代用の便器を備え付けたり大活躍をしました。

それでもなお死亡者は後を絶たず、多いときは一日に五名もあり、十一月中に五十名以上、十二月中に三十名以上もあったと記憶しております。

こんな中で、翌年（一九四三年）一月上旬、奉天病院から派遣された桑島恕一中尉は、収容所の医務室を上司と折衝して『三等病院』（恕一のほかに軍医一名、衛生下士官二名、衛生兵約十名増員）に昇格させ、薬品も衛生材料廠まで何度も出向いて増配させ、捕虜中の重症患者、要手術患者等を奉天陸軍病院に入院させることに成功するなど、あらゆる努力を払い、また治療上の効果を上げました。しかしアミーバ赤痢の重症者、そして時に栄養失調の患者は、あらゆる薬品も栄養もまったく受け付けず、枯れ木の倒れるように死んでゆくので、桑島氏の着任以後も漸次減少したとはいえ、死亡者は引き続き出ました。これらの人々はどんな名医の手でも、どんな立派な設備を誇る病院でも、その命を止めることは不可能であったろうと考えます。

その反面、桑島氏があれまで献身的に努力しなかったならば、当然、亡き数に入っていると思われる数多くの捕虜が快癒して、日本の敗戦後、健康で故国へ還っているのであります。いわば桑島氏は他の多くの収容所付軍医（金子少尉、山田少尉、大木少尉）等とともに、感謝の誠心を捧げられるべき救命者であったのです。

しかるに一九四六年八月、米軍はその支那派遣軍軍事法廷において、桑島元軍医大尉を捕虐待者として起訴し、捕虜に対し診察治療を怠り、多数の捕虜を死に至らしめた責任者として、同年九月初旬、絞首刑の判決を下し、翌一九四七年二月一日、上海華徳路監獄において、絞首刑の執行を行なったのであります。

この裁判に就いては私は証人として出廷することを要求したのですが、米側弁護士は供述書だけを提出させて、私を出廷させず、また桑島氏自身にも、『発言することは不利となるとも有利にはならぬから』と言って一言も発言させず、判決と執行に至ったのであります」

（B）元米軍捕虜による偽証
三木遂中尉の回想はさらにつづく。

「私は法廷の模様については、桑島氏と同時に起訴されて、重労働七年の判決を受けた元奉天捕虜収容所長元陸軍大佐松田元治氏より聴取したことと、英字新聞紙上の報道によることだけしか知りません。しかし裁判開始前米側弁護士と、日本側弁護士関屋正彦氏、松田、桑島両氏と私とは、二、三日打ち合わせのため会合をしており、その際米側弁護人は、『この裁判は二人の中どちらも死刑になることは絶対にないから、その点自分も気が楽だ』と明言しておりました。

桑島氏が不当に絞首刑を判決されるに至った原因は、少なくとも二つの重大なる虚偽の陳述がその主なものであると考えられます。

その一つは米軍被収容者中の当時の最高先任将校ハンキンズ中佐（収容所当時少佐）が証人として出廷し、収容所の処遇に関し、まったく虚偽の事実を宣誓証言したことであります。彼は収容所における給養が劣悪で、そのために奉天において新たに栄養失調患者が続発し、かつ大部分が医官の怠慢により、何等適切な治療を施されずして死亡するに至ったと述べたそうであります。

奉天捕虜収容所においては、小麦粉の入手は容易なことから、常時彼らは自らの手で焼いたパン食を主体とし、われわれの在勤中は、四千カロリーを下らない日本軍隊の標準をやや上回る給養を持続しており、彼らの中で、大東区珠淋街の満州工作機械株式会社に就労した者は、最初一九四三年二月ごろには徒歩で約一里くらいの里程を一時間半くらい要し、警戒に当たっていた兵隊は、『彼らと一緒に歩いていると眠くなる』と言っておりましたが、四月ごろには、彼らと同じ道を四十分で歩き、警戒の軍属は一緒について歩くために、大汗をかかねばならぬこととなりました。これなどは彼らの体力の激増を物語る一適例と思います。

体重についても、毎月全員の月例身体検査を行なっていましたが、ほとんど例外なく漸増の一途を辿っておりました。

その二は、ギャグネットという米捕虜下士官が前記満州工作機械株式会社で就労中、工業用アルコールを飲用し視力障害を起こしたのでありますが、その男が上海軍事法廷に黒眼鏡をかけて妻に手を引かれて出廷し、『自分は奉天捕虜収容所に在所中、桑島に無根の事実で椅子に縛り付けられ、水を掛けられて一晩中拷問され、それが原因となって、さらにまた在所中の劣悪な給養による栄養失調と相俟って、失明同様の今日の状態になった』と、まったく架空の事実を宣誓口供したことであります。

このことは写真入りでその地の英字新聞に大々的かつ扇情的に報道され、私も獄中これを読みました。

桑島も松田氏も私も、米側弁護人に対して、これがまったく事実無根であること、真相は彼が工業用アルコールを飲用したために視力にやや障害を来たしたため、（彼は法廷で裁判長の問いに対して、私の眼は物の黒白が辛うじて識別出来る程度です）と答えておきながら、休廷中に細字の英字新聞を読んでいたそうですが、米側弁護人はこれをまったく黙殺して、この検事側承認の偽証に対してさえ、『証言台に立っていろいろ言うことは不利になるとも有利にはならぬ。あなたたちの事件は、絞首刑になるような事件ではないから』と言って、一言も発言させなかったのであります。

この奇怪至極な事実は、正義人道の名の許において行なわれたこの裁判が、その実、単なる復讐、そして検事と弁護士（おそらく裁判長以下判事全員をもふくめて）の馴れ合いの裁判であることを如実に物語っていると思われます。

すなわち検事側の証人のギャグネットは、戦争による公傷病者として年金をアメリカ合衆国からもらっている勇士であり、弁護側がその真相を暴露すれば、彼は年金を国家から受ける権利を喪失し、彼をはるばる合衆国からこの裁判の証人として呼んだ検事側は彼に怨まれ、またまったくその面子《メンツ》を失墜するという関係にあったものと、明らかに観取されます。かくのごとくまったく架空虚構の事実にのみ基いて、米軍捕虜全員が生命の恩人として感謝を捧げるべき元軍医大尉桑島恕一氏は処刑されたものであります」

これなどは、とくに捕虜の証言が生殺与奪の権を握っていた例であった。

この裁判においてもっとも奇異に感じるのは、桑島氏が証言台に立つことを、米弁護士が妨害したことである。

日本の旧刑事訴訟法には、被告人に最終陳述の機会をあたえねばならないという規定があり、現在の刑事訴訟法においても被告人の黙秘権を認めているものの、被告人の任意供述は制限できない。

これに照らしてみたとき、この裁判において米弁護人のとった態度は、戦犯裁判の真実性そのものが疑われるものであった。

奉天捕虜収容所三木遂や上海捕虜収容所石原勇は、ともに法廷において捕虜の証言の復讐的なのことに苦しみ抜いた。

捕虜の中には札付きの悪質者が多くいた。しかしこれらの者の偽証は、「米国国籍」の四字が冠せられたとき、絶対的価値を有することになった。

この他、捕虜収容所事件の特色は、職務上捕虜に憎まれる地位にあった者が、戦争犯罪人とされたことであった。

桑島恕一は軍医であり、三木遂は捕虜監視将校であり、石原勇は通訳であった。みな捕虜と常に接触しながら軍方針のもとに行動せねばならない立場に置かれていた。

これらの者の責任の大半は、当時の軍の方針にあったが、しかし捕虜の憎悪心は、結局のところ個人の責任として彼らにかかってくることになった。

この裁判で通訳を務めた石原勇は、捕虜収容所関係の事件の裁判を、つぎのように総括している。

「米人弁護士でさえ、在任二年十ヵ月になした被告の捕虜に対する貢献に対して情状酌量すべきであると主張しているのに、判決ではそれが一顧だにされなかった。

捕虜収容所の長期間の出来事に対しては、在任全期間を通じての功罪に判決の重点が置かれるべきものであるが、単に一現象面だけを捉えて苛酷な判決を下すのは、人道精神にも、法の精神にも反する。苦しい立場にいた通訳としては、この点一番遺憾に思う」

8　ＢＣ級裁判の問題点

戦犯裁判の研究者の林博史著『ＢＣ級戦犯裁判』（岩波新書）によれば、ＢＣ級裁判の問題点は以下のとおりであるとしている。

①被告の選定が恣意的であったこと。
②人違いによって罰せられた者が少なくなかったこと。
③通訳が不適切だったこと。
④検察側の証言が一方的に採用されたこと。
⑤弁護の機会が十分でなかったこと。

⑥日本軍の捕虜になった者が裁判官や検察官となったため、公平でなかったこと。
⑦反対尋問なしに宣誓供述書が証拠として採用されたため、被告に著しく不利になったこと。
⑧上官の命令に従っただけの下級兵士までが裁かれたこと。
⑨部下の犯した犯罪について何も知らない上官が責任を取らされたこと。

第二次世界大戦時の「戦争犯罪」という場合、つぎの二つに分けられる。

その第一は、「戦争法規慣例違反」といわれるものである。いわゆる「通例の戦争犯罪」であった。

その法的根拠は、(ア)、非人道的兵器の禁止や捕虜・傷病者の保護などを取り決めた、一八九九年と一九〇七年の「陸戦の法規慣例に関する条約」とその付属書である「陸戦の法規慣例に関する規則」(ハーグ陸戦法規)である。

(イ)、捕虜の人道的扱いを定めていた一九二九年のジュネーブ条約、こうした戦時国際法によって、それらの国際法規に反する行為を禁止し、これに違反した敵国民を裁く権利を相手国に認める。被害国はみずから設けた裁判所において犯罪者を裁く権利が認められていた。これを「B級戦犯裁判」と言う。

もう一つは、戦争の手段に訴えること、とくに侵略戦争を違法とし、そうした戦争を始める権利を戦争犯罪とするものであった。これを「Ａ級戦犯裁判」といった。日本の占領を担当したＧＨＱ（連合国軍総司令部）は、一九四五年九月十一日、東条英機元首相ら戦犯容疑者四十三名を逮捕し、それ以降、戦犯逮捕を続々行なった。一九四八年七月一日までに逮捕命令が出された者は二千六百三十六名にものぼり、そのうち三十四名をのぞいて、逮捕、起訴された。

最初は米憲兵が直接逮捕を行なったが、その後はＧＨＱが日本政府に逮捕命令を出し、日本の警察が逮捕し、ＧＨＱに引き渡す方法が採られた。

逮捕された容疑者は、一九四五年十一月以降、巣鴨プリズンに収容された。

実際のＢＣ級戦犯裁判では、連合軍組織、あるいは国ごとに法が制定され、処罰の手続きが定められ実施された。

英米豪など英米系諸国では、「その法規または慣例」に違反する行為を扱う軍事裁判所（アメリカは軍事委員会）を設置した。

他方ヨーロッパ大陸の諸国では、国内刑法の犯罪とし、同時に戦時国際法も適用するという考え方が採られた。

裁判を行なったのは、アメリカとフィリピンの場合、軍事委員会、イギリス、オーストラリア、フランス、中国は軍事委員会（あるいは軍事法廷）、オランダでは臨時軍法会議であった。

いずれも通常の裁判所とは違って戦犯を扱うために特別に設置された法廷であり、手続きは簡略化された。

対日裁判については、具体的には東南アジア連合地上軍の指揮下の軍司令官にその権限が授権され、軍司令官は召集官として裁判を召集した。

被告には、事前に起訴状、証拠摘録、証拠物件の写しが渡された。

裁判は原則として公開で行なわれ、裁判官は三人または五人で構成され、弁護人が付けられた。日本人が弁護人のときはイギリス人将校が助言者として付けられた。

裁判では、まず冒頭罪状認否が行なわれた。被告の申し立てが「有罪」の場合は、事実調べをせずにただちに判決の手続きに入るが、通常は「無罪」を言い立てて裁判が始まった。

検察が冒頭陳述を行ない、検察側の証拠提出、証人尋問が行なわれた。その後、弁護側の反論に入り、両者の陳述を経て、裁判所による「事実認定」が行なわれた。

ここで起訴事実について、「有罪」か「無罪」かの判定があった。もし「無罪」と認定されれば、この段階で「無罪」が確定した。

反対に「有罪」と認定された場合には、刑についての審査に入り、弁護側は情状酌量を訴え、そのうえで刑の言い渡しが行なわれた。刑は国によって違っていたが、最高刑はいずれも死刑（絞首刑か銃殺刑）、以下終身または有期の禁固刑（アメリカは重労働付き禁固刑、すなわち懲役刑）罰金などの刑罰が科せられた。

これをもって裁判は終わるが、ここから判決を確立する手続きが必要となる。有罪になった被告は、「減刑嘆願書」を出すことができた。

死刑判決の場合、ＧＨＱが行なった横浜裁判では、米陸軍の第八軍司令官が召集官と確認官の役割を果たすが、死刑判決については、連合国軍最高司令官のマッカーサーの承認が必要だった。

死刑判決の場合は、第八軍とマッカーサー司令部の二つの機関で再検討された。裁判は一審だけであるが、上級機関が裁判内容を検討して確認した。

禁固刑に処せられた者は、各国の刑務所（裁判地あるいは近辺）などに拘留されたが、のちに巣鴨プリズンに移管された。

死刑判決が確認された場合は、確認官は被告を拘留している刑務所長に死刑執行令状を出した。

戦犯裁判では通常の裁判と違って、一審だけのことや、証拠採用手続きが緩和されていることなど、いくつかの手続きが簡素化されていた。（ア）、宣誓供述書は通常は反対尋問を受けて初めて証拠として認められるが、戦犯裁判では反対尋問を受けることなく証拠として受理された。（イ）、供述の二次的証拠（いわゆる伝聞証拠）を採用したことなど、被告にとって不利な手続きが導入された。これらは平時とは違う証拠収集の困難さや迅速な裁判を実施するためであった。

対日裁判の場合、優秀な通訳や日本語の読解力のあるスタッフが絶対的に不足していた。アメリカの場合は通訳として日系人を活用することが出来たが、それでも全体としてスタッフが足りず、このため裁判の進行が妨げられることになった。日本は一九四八年五月末まで、弁護士九十四人、通訳百二人など、延べ二百六十七人を海外に派遣した。

死刑については、准士官、下士官が圧倒的に多く、また将校では下級将校が圧倒的に多かった。高級将校の中では、中将と大佐が比較的多かった。

軍人の中では憲兵が多かった。法務省の資料によると憲兵関係者が全体の二十七パーセント、人数では三十七パーセント、全有罪者の三十六パーセントを占めた。憲兵関係者は死刑の三十パーセントと高かった。それは憲兵が占領地の治安維持に当たったからである。

捕虜収容所の関係者が、全体の十六パーセント、人数で十七パーセント、有罪者の二十七パーセント、死刑では十一パーセントを占めた。大尉は中隊長、大隊長に就く階級であり、現場の指揮官として責任を問われることが多かった。または部下に対する監督者としての責任が問われた。

9 『戦犯裁判の実相』編纂の経緯

『戦犯裁判の実相』編纂の経緯について、元法務省矯正研修所教官で中央学院大学教授を務めた重松一義氏（一九三〇年生まれ）は、つぎのように述べている。

この資料集は、昭和二十七年五月十二日、敗戦後七年を経たこの日、戦争責任を問われたBC級戦犯者が巣鴨プリズン内に相寄り、管理の掌にある連合国軍の耳目を憚《はばか》りながら、密かに作製されたものである。

このことは、この資料集に「取り扱い注意、厳禁転載、本書の内容が関係各国に漏れないように取り扱いについて十分ご注意願います」という附箋が貼ってあることからも理解される。

戦犯者を拘禁する巣鴨プリズンは、連合国軍の下、アメリカ第八軍が管理する国際軍事刑務所としての性格を持っていた。

初期のころは面会者も認めぬほどの厳重な隔離がなされたが、その後、一定条件の下で、立ち会い、検閲、検査を経て、面接が認められるようになった。

昭和二十五年六月二十五日、朝鮮戦争が勃発した。この事件によって巣鴨プリズンの管理に当たっていた米軍将兵の大半が朝鮮半島への転出を余儀なくされ、このため巣鴨プリズンの管理体制は緩和されることになった。

その後、日本人刑務官が配置されるようになり、昭和二十六年九月八日、サンフランシスコ講和条約の調印となった。

しかし講和条約調印は、戦犯者の即時釈放には繫がらなかった。このため巣鴨プリズン内に漲《みなぎ》っていた戦犯者の期待は完全に裏切られることになった。

こうした虚脱と焦慮の中で、ＢＣ級戦犯者の間から、他力でなく自力で釈放運動を進めようという空気が高まってきた。

昭和二十七年三月一日、戦犯在所者が連絡団結して、戦犯釈放運動促進のための「巣鴨法務委員会」が発足した。

ＢＣ級戦犯者は、概ね現地裁判であったため抗弁の手段を奪われ、いわば生《い》け贄《にえ》的立場に置かれた。内地送還後も服役の場である巣鴨プリズンでも、「戦犯」の烙印の下で沈黙することを余儀なくされた。

無名のＢＣ級戦犯者は、戦争の相手国から個人の戦争犯罪責任を追求された。『戦犯裁判の実相』に掲載された主張や内容は刑が確定した後であったため、全戦域にわたって現場責任の裏面や実相が詳細に記載されることになった。

ポツダム宣言の受諾に当たっては、国体の護持だけに注意を奪われてきた支配層は、「戦争犯罪人」の意味するものについては明確な定義を持ちえず、このためＢＣ級戦犯の大半が無権利のまま放り出されることになった。

ＢＣ級戦犯は、戦争遂行と日本軍隊に存在していたいくつかの特徴を、そのまま軍事裁判の場に差し出さなければならなかった。

そして裁く側も、それぞれの国と民族を剝き出したまま軍事法廷の席に就いた。

ＢＣ級軍事裁判と違って東京裁判の場合は理念の争いという面が強く、十五年戦争の性格と事実についての争いが中心であった。

一方、ＢＣ級戦犯の場合は、Ａ級戦犯とは違ってその多くが無罪であったが、千名近くの死刑を出してしまった。

このためBC級戦犯者からは、「なんら死刑に値することをしていないにもかかわらず、死刑の判決を下された」とか、「なんら不面目なことをしていないにもかかわらず、戦争犯罪者の汚名を着せられた」という憤懣が出ることになった。

10　戦時国際法

一般に戦争といえば、領土をめぐる国際紛争、人種や宗教上の戦争、経済封鎖などで両国間に利害や見解を異にする場合、自己の主張を貫き通すため武力を使って強行手段に出ることである。

したがって戦争において互いに守るべきルールというものは本来なかった。しかし、いかに戦術的に優れていても、その手段が卑劣であったり、非人道的であったりすれば、交戦相手国のみならず自国民や同盟国の信用を失うことになり、あわせて戦争の無目的化をもたらすことになる。さらには戦争の長期化を助長することにも繋がる。

また、敗戦時の取り引きである賠償金の額の高低にも影響をあたえることから、戦争目的に不必要な手段や行動を禁じた国際慣習や条約といったものが構築されることになった。

これが戦争のルールという国際法の一部を成す一連の戦争法規（交戦法規や中立法規）である。

一八九九年の「陸戦の法規慣例に関する条約（陸戦法規）」は、人道的配慮を中心とした具体性のあるものとして有名である。

同条約第二十二条には、「交戦者は害敵手段の選択に付、無制限の権利を有するものに非ず」と、不相応な苦痛や残虐な結果をもたらすような特殊な武器の使用を禁じている。

その後、この精神は、一九〇七年の国際紛争の平和処理条約や一九二五年の毒ガスおよび細菌の使用禁止に関するジュネーブ議定書などに受け継がれることになった。

非戦闘員である一般市民に対する攻撃については、戦争犯罪行為として合法的な戦争法規から除くとしたのが、一九四二年一月十三日に連合国側で取り決めたセント・ジェームス宣言であった。これは連合国側の戦犯処理について基本的な考え方を打ち出した最初であった。

一方、日本側においては、戦争犯罪人という考え方に立ったものは無かったが、非戦闘員に対する無差別爆撃といった攻撃に対しては、軍律によって処罰する方針が出された。

とくに一九四二年四月十八日の米軍ドーリットル指揮下による東京、横浜、名古屋、神戸への空襲に際して、非戦闘員である日本国民を大量無差別に殺傷した米空軍B25の搭乗員を特設軍法会議で死刑にした事例があった。

BC級裁判である横浜裁判の根拠となったのが、「空襲時の敵航空機搭乗員に関する件」（陸密第二二九〇号）という特別指令であった。

これには、①戦時国際法に違反せる者は俘虜として取り扱い、これに違反の所為ありたる者は戦時の重罪犯として処断す、②防衛司令官（内地、外地各軍、香港総領事を含む）は当該権内に入りたる敵航空機搭乗員で戦時重罪犯として処罰すべき疑いのある者は軍律会議に送致す、という基準が示されていた。

B25が空襲後に支那派遣軍下の地域内に不時着し、その処罰が生じたため、同年八月十三日、支那派遣軍軍令（敵航空機搭乗員処罰に関する軍律）が公布されることになった。

さて、市谷で行なわれたA級に対する東京裁判と異なり、BC級裁判は本国から離れた異国の地において実施されたものであり、その管轄も連合国各国により個別に行なわれた。

ここでは英国シンガポールの軍事裁判での戦争犯罪該頭当項目を、その根拠法規である「東南亜細亜連合軍戦争犯罪訓令第一号」から引用してみたい。

①重戦争犯罪（major war criminal）―重戦争犯罪者とは日本人が初めて支那を侵略したる一九三一年以降犯されたる組織的残虐行為（organised brutality）及び侵略行為の計画の

立案及び其の実行に付、責任を有する者を言う。右の者を国際裁判所（international tribnal）において審判することに関する外交的手段に依り行なわれ外務省（Foreign Office）の責任とす。

②軽戦争犯罪者（minor war criminal）。

戦争犯罪を構成する主なる犯罪行為左の如し。

A、不法なる銃殺（shooting and killing without jusutification）。

B、囚人が逃亡したりと偽れる口実に基く銃殺。

C、死に至るべき暴力を以てする脅迫、その他殺人（murder）又は致死（manslaughter）に属する形態（form）を以てする暴行脅迫（assault）。

D、射撃、銃剣による傷害拷問及び不法なる暴力。

E、重大なる身体的損傷を蒙らしむべき虐待（ill-treatment）に属する他の形態。

F、金品の窃取。

G、不法監禁。

H、食物、水及び衣料の不足（insufficient）。

I、医学的配慮の欠如。

J、病院における冷遇。

K、作戦に直接関係ある作業、または不健康もしくは危険なる作業に使役(employment)する事。
L、戦闘地域内の銃火に暴されたる地区に連合国人を抑留する事。
M、俘虜または民間人を遮蔽物として使用する事、病院または病院船に対する攻撃および生存者に対する用意を為さずして商船を攻撃する等の事件。
N、拷問(third degree)その他強制的方法(forcible method)による訊問(interrogation)。
③人道の法則(laws of humanity)に対する犯罪—なお日本国民および日本を支援したる敵対行動継続中いずれの国籍にても民間人に対して犯したる人道の法則に反する犯罪および悪業(atrocious)は戦争犯罪として報告せらる。

このような例示の下にイギリス地区では戦争犯罪人の捜査が開始され、「泰、仏印、および蘭印駐屯連合陸軍および香港駐屯所属第十一軍および第十四軍の司令官は管下の戦争犯罪者全部の個人識別(identification)、逮捕(apprehension)、および拘留(detention)、および軽犯罪の捜査に付、責任を有する其の補佐として、東南亜細亜連合陸軍司令部は連絡将校(liaison officer)をとくに選抜し、捜査指揮のため各司令部に配属するよう手配す」と司令官の責任を明らかにし、司令部の内部組織として戦争犯罪局(調整課・戦争犯罪登録課の二課ある)・法務局(戦争犯罪法律課がある)を設けて、戦争犯罪人の脱帽した正面・側面写真、証人の宣誓した陳述書（sworn atatemennt）・報告書などとともに、戦争犯罪登録課に送致され勾留された。

この際、「被告人が引致または勾留せられたる軍隊の部隊長は被告人の審判および処罰に予備的なる、およびこれに関係せる一切の事項に付、被告人の部隊長と看做さるべし」との審判規定第九項があった。これは重大な影響を持った規定であり、指示命令という軍隊組織の関係が、戦は終えたとはいってもどこまでも責問された。

事実、部隊長の責任にからむ問題は、ＢＣ級戦犯の中心的争点である場合もあり、多くの場合、一身にその責任を負って落着したのだった。

蘭印では、その「戦争犯罪の定義に関する条例」第一条第二号に、「組織的テロ」（system dtisch terrcur）なる行為が戦争の法規、慣習に違反したる行為と規定され、憲兵隊、抑留所、捕虜収容所、刑務所等をテロの組織団体とみなし、その所属者を集団的または個人的に処罰した。

戦争の法理法則を争うA級の戦争犯罪と異なり、ＢＣ級の戦争犯罪の争点はじつに多岐多様であった。一応、Ｂ級では軍隊の指揮官（部隊長）の責任を問い、Ｃ級は残虐行為、捕虜虐待など現場の実行責任を問う区分となっているが、その実際は証拠の認定も曖昧であり、共犯することにそもそも無理がある芋蔓裁判だった。

戦勝国の感情のおもむくまま、その満足感が満たされることを目的とした報復裁判であった。

現実の逮捕現場においても、昨日までの支配者への不満感情は掌を返したごとく一挙に報復に変わっていった。

安易な密告や誇張のある事実の申告、単なる口実、アジテーションが横行し、また誤認逮捕も多く発生した。

誤認逮捕は戦犯裁判において所々出た現実の問題だった。単純なことであるが、われわれ日本人が外国人を見た場合、みな同じような顔に見えるが、外国人が日本人を見た場合、やはり同じように見えた。ましてや戦中、不精髭で同じ軍服を着ている軍隊で人物を特定することは、はなはだ困難だった。

しかし、BC級戦犯の逮捕において、現地人や元捕虜が無造作に「あれだ!」と指をさせばそれでおしまいだった。そうなったらどのように人違いを弁明しても通じなかったといわれている。

医学的配慮の欠如や、病院における冷遇などの戦犯基準にからむ問題は、非常に説明が困難だった。

また、日本の軍隊内にあった悪い体質、古参兵や下士官に根強くみられた拳骨の悪弊などは戦犯的な問題に繋がるものとなった。

当時、公務として行なわれた行為が戦争犯罪とされ、部下の責任を負い、死に値するものとされた。死を受け入れることはじつに不条理なことであったが、軍人としての大義を見つめ、潔く処刑に臨んだ。したがって形は刑死であっても、彼らからすれば戦死や殉死の心持ちで死に就いたのであった。

11　恕一の遺書

恕一と旧制長井中学で同級生だった当時共同通信社東京本社勤務の大場浩一らが中心となって、連合国軍司令長官マッカーサー元帥宛に恕一の「減刑嘆願書」の取りまとめにあたった。

その大場は、長井にいる恕一の家族一同に対して、昭和二十一年九月十八日、「毎日新聞」は、上海米軍裁判所の恕一に対する絞首刑の判決の記事を掲載していると知らせてくれた。

父親の忠一は、このことを急いで、近藤英次郎中将や、大道寺恭子、逵《とおる》に打電した。すると終戦連絡事務所から、家族の安否などを航空便で送るので、ただちに上海の恕一宛に手紙をしたためるようにとの知らせがあった。

「親として最後の便りを書く。絞首刑の判決と聞いて一時は驚いたが、今は総てを諦めた。お前の人間性の立派な事はお前を知る限りの人に等しく認めるところ、責任上どんな刑に処せらるるともこの認識に変わりはない。以てお前は瞑すべきであり、親として天地に恥じてない。純一は家族一同、心を協せ、誓って立派な人間に育て、お前の志を継がせるから安心して逝って呉れ。従容死に就くは古来武人の習、今こそ修羅の妄執を断ち切って、心静かに観念してこの世を終わって呉れ。それでは来世で亦縁が繋がれよう。

九月十八日　家族一同を代表して父より

恕一殿」

恕一もまた九月二十日、上海の監獄で最後の手紙を書いた。

「拝啓　ご両親様、是以上のない親に対する不幸を御許し下さい。過去三十年育み下された御恩は来世でお返しする覚悟です。過去を省み、今は謙虚な気持ちで神の命に従う決心です。新生日本の平和と将来の発展のため私一身の死が役立つことがあればと思い、悲しまず、誰をも恨まず、元気で神仏の元へ行く覚悟です。

過去三十年は一瞬の夢でした。殊に結婚後の二年半は短いものでしたが、然しこの三十年を生きて来た事実は否定する事が出来ません。それに私には『純一』という子があるのです。今に及んで真に人間の価値を知りました。純一も今は私の子、節子の子とのみは考えられません。神がわれわれに与えてくれた子です。生まれるべくして生まれたのだと泌々思っています。

次代に対する私の責任の一端を果しえた事を思い、安んじて刑を受ける決心です。何卒純一の養育を呉々もお願いする次第です。私は来世より常に純一と節子を見守る事が出来る事を確信し、常に二人と共に住むことを信じて、この世を去る覚悟です。……御両親様、私以上の不幸な人が沢山あることを思い、決して悲しまんで下さい。

節子、純一へ

結婚後二年半、而も一緒に暮らす事が出来たのは僅か一年足らずではあったが、わが妻であり、わが夫である事実は永久に消えるものではないのです。巣鴨入獄前の四ヵ月余の（長井での）生活および満州での生活は永久に忘れる事は出来ません。いたらない自分によくやってくれた事を感謝しています。純一は神が吾々に与えてくださった子です。純一の肉体には私とお前の血が流れている事を思い、決して悲しまず寂しがらずに生きて行ってくれ。

……父母もだんだんと老いられる事と思います。何卒私の分まで、孝行を尽くしてくれる様お願いします。……純一と三人にて四月に撮した写真は最後までポケットに入れて以て行きます。

東京の御父上様

長井の御両親様

節子殿」

それから半年ほど経った昭和二十二年二月一日午前八時、軍医大尉桑島恕一は上海の監獄で一人寂しく処刑された。処刑当日、恕一の目はうつろで、血の気がまったくなかったと言う。

昭和二十一年十月二十日、次男・敬二は妻・きみ子と長男・喨一を連れて、ようやくの思いで長井に帰着した。

敬二ときみ子は生後三ヵ月の喨一を守り、無蓋貨車に乗って奉天から南下し、どうにか胡蘆島に着き、そこから引揚げ船に乗ることが出来た。

博多に到着して検疫中、たまたま赤痢患者が同船していたため、三週間近く止め置かれることになったが、この最中に敬二は恕一の裁判のことを知った。

十月二十日、敬二親子は赤湯駅で乗り換え、今泉まで出迎えの弟の逵と車中で落ち会い、連れ立って実家に入った。

逵は長兄恕一の絞首刑の判決の報を滞在している北海道で聞き、急遽駆けつけた。

敬二はマッカーサー元帥宛の「減刑嘆願書」を長井から東京に持って行ったりしたため、まだ長井に滞在していた。

食糧難とインフレによってすべての日本国民は苦しんだが、それは桑島家とて同じだった。桑島家には、忠一夫妻のほかに、嫁の節子と孫の純一、そして次男の敬二夫妻にその息子の嘵一、島貫家に嫁いだものの軍医であった夫の戦死によって未亡人となった次女の和子と、総勢八人が一つ屋根の下で一緒に暮らしていた。しかし、そのいずれもが失業者で無収入であった。しかも桑島家には蓄財はなかった。

敬二が屋台の蕎麦屋を始めたのは、昭和二十一年暮れのまだ雪がちらついているころだった。片田に住む安田次郎の世話で屋台を世話してもらい、露天商組合に加入して屋台蕎麦を売ることにした。

敬二の妻・きみ子は嬰児の嘵一を抱えていたため、敬二と和子の兄妹が身支度をして長井の街頭に立ち、嫁の節子は出前を運んだ。当時、長井町で露天商を取り仕切っていた、冬城純が忠一の崇拝者だったこともあって、屋台蕎麦屋の後ろ盾になってくれた。

昭和二十一年五月八日、恕一が長井の実家で逮捕されてからの辛酸に満ちた半年間の想いを、忠一はつぎのように取りまとめた。

「憤激悲痛言語に絶するものあり。然れども静かに想うとき、凡ては不運の一語の尽くべし。元奉天陸軍病院齋藤軍医少将の証人喚問さへあれば事実は判明すべかりしに、それすらなく、素より邦人弁護の付く筈なく、上海法廷にて行なわれること不運なりし。遡って奉天俘虜収容所に勤務せし事不運なりし（中略）宣《むべ》なり。本人は常に身に疚《やま》しき点なければ、何処へなりとも行くに、少しも懼《おそ》るる色なく自信に満ちて堂々たりき。

九月六日裁判開始、同十六日判決とは如何にも受け取れぬものなり。

思ふに百四十名の白人死亡者を出したる事件に対しては、極刑者一名を出して責任を問ふを、予め考えたるものに非ずや。然りとすれば何人か一人は極刑に処せらるる筈なるを、不運にもその籤を抽き当てたるものなり、運命と言ふべし。（中略）

六月十一日、厚木飛行場より飛行機にて上海に移送せらる。上海よりの通信三回あり、いずれも極めて平静なる獄中生活を写し、俳句によりて家郷の追憶を述べ、自分の事は決して心配なし、家族の平安を祈ると記せり。

但し自分の事は凡て忘れて呉れと言ひ来る処を以てみるに、極刑はかねて覚悟せるものの如し。未だ辞世決別の辞は見ざるも、自分一人にて済むことならば、多くの日本人を犠牲にするに及ばず、殊に老齢の収容所長を庇い、敢然として最後の瞬間まで国の犠牲を甘受せんとする武士道的精神を貫き通したるものと信ず。わが子ながら見上げたる精神というべし。

是を以て見るに、恕一今回の死は、身たとへ萬里の異城に非業に斃るといえども、崇高なる犠牲として、最大限に生きたるものなり。たとえ天下にこぞって此の死を容るることなしとするも、一人の父、一人のみは断々乎として容るるものなり。（中略）余は信ず。日本というふ国家の地球上より葬り去られざる限り、必ずや後世史家に依り、将又《はたまた》至誠憂国の志士により掘り起こさるるものなるを！

今恕一の霊や小なりといえども、又その席末に列するを得ば、以て家門の栄たるを失はず、茲を以て父は清明なる諦観に徹するを得たるものなり。……

昭和二十一年九月二十四日、秋季皇霊祭の日の深夜記す」

12 何陋軒《かろうけん》

現在は山形鉄道のフラワー長井線となったが、その終点の荒砥駅の二つ手前に鮎貝駅がある。この鮎貝駅から西へ五百メートルほど離れた台地まで、毎日自転車に乗って通う老夫婦の姿があった。

この荒地に向かって鍬を振るっているのは当時五十九歳の忠一で、その横ではもんぺを穿いた妻のゑい（当時五十歳）が、慣れない手つきで雑草を刈っていた。

昭和二十一年十一月十四日、忠一は連合国軍総司令部（GHQ）の日本政府に対する指令によって公職追放となった。

昭和21年夏、追放時代の忠一、何陋軒にて。

戦前、忠一は長井町の町長であったが、戦中に大政翼賛会山形県支部常務委員や、山形県翼賛壮年団長、長井航空工業株式会社社長として日本の戦力増強に挺身したため、追放の憂き目を見ることになった。

過去をいくら嘆いていても、桑島家の八名の大所帯を養っていくことにはならなかった。忠一は、鮎貝小学校時代からの知り合いの丸文製材社長の佐藤茂吉から荒地を借り受け、開墾することを決意した。

忠一とゑいは、毎朝、成田から蚕桑《こぐわ》、田尻《たじり》とつづく十キロの道程を自転車で通った。

この台地に忠一は、日本上古の建築様式の天地根元造を模し、中央に一本太く長い柱を建てて、その四周を二十七本の支柱で囲み、その上に杉皮で屋根を葺いた建物を建てた。忠一はこれを「何陋軒《かろうけん》」と称し、一人悦に入った。

13 長男・純一の死

　昭和二十二年二月一日に上海で処刑された恕一の遺骨は、その年の六月、故国に帰ってきた。恕一の処刑に立ち会った教誨師が、その死を哀れみ、格別の情けをもって恕一の遺骨を密かに乞い、小函に納め、そこに小さな仏像を入れて東京に持ち帰り、岳父の近藤英次郎宅に届けた。

　この遺骨の入った小函を、節子は純一をともなって受け取りに行った。これには弟の敬二が付き添った。

　恕一の葬儀は、ＧＨＱに憚《はばか》ることから、近親者だけでひっそりと営まれた。

恕一と純一の葬儀後、東京に帰る前に撮った写真。左から桑島きみ（喨一）、節子、島貫和子。純一は、きみを「オーちゃんかあちゃん」、喨一を「オーちゃん」と呼んで懐いていた。

この年のうら盆は、桑島家では新盆にあたった。二歳半になる純一には、いつもより多くの人が出入りすることが嬉しくてたまらない様子だった。八月十八日午後、残暑の厳しい中、純一はいつものように常楽院小路で棒きれを手にして遊んでいた。

翌十九日夜、祖父の忠一や祖母のゑいもふくめて桑島家では、何事もなかったように孫の純一を囲んで寛《くつろ》いでいた。

純一は、まわらない口でかたことの唱歌を歌って踊って、大人たちを大いに喜ばせた。

その晩のことである。添い寝をしている節子は、純一の声で目を覚ました。

急いで節子は純一を便所に連れて行った。

用便を終えて床に戻るや否や、またもや純一は、便意を催すのであった。

そのたび節子は純一を抱えて便所へ走った。そんなことが一晩に十数回つづいた。

翌朝、節子は祖母のゑいにそのことを告げた。子育て経験の豊富なゑいは、すぐに事の重大さを悟った。

ゑいは、「すぐに眼科の勝助先生を呼んで来て！」と叫んだ。

勝助医師がすっ飛んでやってきたときには、すでに純一は脱水症状のためぐったりしていた。

勝助医師は応急手当としてリンゲルを立て続けに注射した。しかし純一のはかない命は、その日の夕方、哀れにもこと切れた。

九月一日、桑島家では、長男・恕一と嫡男・純一の二人の葬儀が営まれた。忌中壇には、恕一の大きい骨箱と、純一の小さな骨箱が並んでいた。

たびかさなる苦難に遭って、忠一は西郷南洲の詩である「幾たびか辛酸を経て志初めて堅し、丈夫は玉砕するも専全を恥ず、我が家の遺法人知るや否や、子孫のために美田を買わず」を想起してみずからを慰めた。

14 遺族は今も悲劇を引きずっている

二〇一五年七月三日（金）朝、私は田園都市線のとある駅前にいた。梅雨明けも近いと天気予報では報じられていたが、この日は朝から土砂降りの雨であった。

この数日まえから私は恕一の妻だった節子に会うべく、懸命にその行方を追っていた。たまたま恕一のご遺族から、節子の住所はわからなかったものの電話番号を聞いていた。その電話番号は、都内局番が三桁のものだった。現在の東京の局番は、もちろん四桁であり、三桁の局番などはもうかれこれ三十年以上も前のものである。

最初、恕一のご遺族に電話をしてもらったが、

「だれも出ないことからして、すでに電話機は外されているのではないかと思う」ということだった。

　このご遺族は山形市在住の方なので、もしかしたら東京の電話事情に疎いのかもしれないと思い、ためしに、この三桁の電話番号の頭に「３」を付けて、あらためてかけてみることにした。

　すると呼び出し音が鳴るではないか。

「もしもし〇〇さんですか？　大変ぶしつけで失礼なことをお聴きしますが、節子さんはご健在でしょうか？　じつは私は桑島恕一事件を調査している山形県長井市出身の工藤美知尋と申す者ですが、もし節子さんがご健在でしたら、是非お目にかかっていろいろお聴きしたいと思いましたので、突然お電話をした次第です」と自己紹介した。

　受話器からは、先方が明らかに動揺している様子が察せられた。

「はあ、そうですが……。母はすでに亡くなっていまして……」

「すると、あなたは節子さんの息子さんでしょうか？」

「そうですが……」

「恐縮に存じますが、一度会って、いろいろお話しをお聞かせ下さいませんでしょうか？」

　こんななんともギクシャクしたやり取りが十分ほどつづいた後で、ようやくアポを取ることができた。

このアポの指定場所が、この田園都市線のとある駅前の噴水というわけである。

私は駅前のパン屋兼コーヒーショップで話をうかがうことにしていた。

約束の午前十一時きっかり、雨脚が強い中、節子の息子さんはサッカーの「東京ヴェルディ」のユニホームにシャツを羽織ったラフな姿で現われた。

さっそく店に入り、私たちは奥のテーブルに座った。

「お母様である節子さんは、何年前に亡くなられたのですか?」と質問すると、

「七年前です」とポツリと答えた。

「ところで、桑島恕一という名前をご存知ですか?」と問うと、

「ええ」とこれまた一言答える。

「恕一のご遺族の方にお聴きしたのですが、あなたはお母様である節子さんと、長井にある恕一の墓参に行かれたということですが……」と水を向けると、少し考えてから、

「私が学生のときだったと思うのですが、母に連れられて墓参に行ったことがあります」

「そのときお母さんは何かおっしゃいましたか?」と聞いてみると、

「母はお墓の前で、ここにあなたのお兄ちゃんにあたる人が眠っているのよ、と言いました」と答えた。

「その言葉を聞いて、あなたはどんなお気持ちでしたか?」

とても残酷な質問であることは重々わかっていたが、聞かずにはいられなかった。

「ええまあ……。どうって、まあ……」と、しどろもどろの言葉となった。そして苦渋の表情を浮かべている。

私たちは、こんな会話を一時間あまり交わした。

桑島家の法事の際（約40年前）、長井の薬師寺を訪れ、亡夫・恕一の墓前にたたずむ節子。

この取材でわかったことは、つぎのようなことであった。

節子は七年前に脳腫瘍で他界した。恕一と一人息子の純一が亡くなってから、節子は桑島家と縁を切って、東京の実家に戻った。そして実家の父の紹介で昭和二十五年ごろ再婚した。再婚相手は、大正五年生まれの中支派遣の衛生兵だった方だった。自分は昭和二十七年生まれだが、下に妹もいる。

父と母は恕一のことを、別に隠しているわけではなかった。多くはなかったが、それでも二人の会話の中に、ときおり恕一と桑島家のことが出てくることがあ

恕一が眠る桑島家の墓（長井市内薬師寺）。

った。

晩年、母は「長く生きていると、幸せを感じることもあるのね……」としみじみ語ったことがあったという。

節子の死は突然、訪れた。妹とディズニーランドに遊びに行ったあと、少し寝込むようになった。病院で精密検査をしてもらうと、良性の脳腫瘍が発見された。今すぐということではなかったが、いずれその時が訪れるとは医師から言われた。それから十日ばかりして、突然、他界してしまった。

息子さんは、以上のことを振り絞るようにして話してくれた。聞く方も辛かったが、もちろんわれわれからあれこれ質問され方は、それ以上に辛いに違いなかった。

七月十九、二十日の連休に、私は長井市にある恕一の実家を訪れ、その後、恕一が眠る小出にある菩提寺薬師寺に墓参した。

「節子は息子の純一が死んで、生きてゆくことにまったく絶望したのですね。これ以上の絶望はないですからね。その後、節子は再婚することになるのですが、どんな気持ちだったの

でしょうね」と言ったところ、同行した東京新聞の吉原康和氏は、

「絶望の思いをした同士でも肩を寄せ合って生活していると、そこに愛情が湧いてくる場合もあるのですよ」とうがった見方をした。

「そうだったらいいんだけれど。でも浮かばれないなあ、恕一も節子も……。そのご遺族をふくめて、戦後七十年間、彼らは世間を憚《はばか》って生きてきたのだ」

私は吉原氏との会話から、こうした思いをなお一層強くしたのだった。

戦後は終わっていない。戦後にけじめをつけるためには、まだまだ解明しなければならないことはたくさんある。それが、現在の私の率直な気持ちである。

あとがき

拙著を執筆している段階で筆者を最も苦しめたことは、桑島恕一が裁かれたいわゆる上海裁判の記録、そしてまた恕一の生い立ちの資料などがほとんど散逸しているということであった。

なぜ日本人戦犯の裁判記録が欠落しているのか、私には大きな疑問であった。

これは後でわかったことであるが、ＧＨＱの占領下において行なわれた戦犯裁判では、この主体はＧＨＱ側にあり、日本政府が記録を一元的に収集することが出来なかったという事情があった。

「戦争に負けるということは、こういうことなのか」としみじみ思ったものである。

今日、われわれが見ることができる資料とは、昭和二十六年にサンフランシスコ講和条約が調印されて日本が再独立した後、法務省が遺族から聞き取りをしたり、あるいは巣鴨プリズンを始めとして外地の戦犯裁判に関係した日本人弁護士や、教誨師、または戦犯に問われたものの幸いにも処刑されずに釈放された日本兵たちが持ち帰ったさまざまな記録、たとえば密かに戦犯容疑で収監されていた人たちがトイレットペーパーに書き留めたり、あるいは下着に書き記したりしたものを隠して持ち帰ったものなどを、雑多に収集したものなのである。

したがって、いま残っている戦犯裁判記録が、統一性が無いものだったり、断片的だったりしているのも止むを得ないのである。

調査を始めた当初、私は桑島治三郎氏と恕一の関係、あるいは桑島眼科医院と恕一の関係などについて、よくわからなかった。

恕一がどのような家庭で育ち、なぜ戦犯容疑で逮捕されるに至ったのかなどについても、まったくわからなかった。

恕一の生い立ちについて調べている中で参考になったのは、昭和五十四年、「柴山桑島忠一刊行会」（筆者・西村直次）がまとめた『柴山桑島忠一』であった。

ところが、この本の中で使われている数々の資料について、長井市教育委員会、長井市立図書館、印刷を担当した芳文社、そして桑島恕一の実家など、さんざん探し回ってみたが出てこなかったのである。資料の保存の大切さを、このときほど実感したことはなかった。恕一事件を知る当時の人もすでに他界されていた。いずれにしても資料が残っていなければ、後世の人間としてはそこから教訓を得ることは出来ないではないか。

大正から昭和にかけての長井町の歴史を知るうえで重宝したのが、平成十八年に長井中央史談会がまとめた『写真で見た長井の昭和史』であった。

こうして私は、手探り状態ながらも恕一の生い立ちがおぼろげにわかってきた。

つぎに私が追ったのは、恕一の妻・節子さんの行方だった。存命ならば優に九十歳は超えているはずであるが、超高齢化時代の今日、まだ生存されている可能性はわずかながらあると考えた。

そうであるならば、ぜひお会いして、夫・恕一が処刑されたときの想いとその後の生き方についてうかがってみたいと思った。

なんとしても節子さんに接触したいものだ。どんな面立ちをされているのか。こんな思いが私の頭の中を駆け廻っていた。

そんなことから節子さんの居所を、是が非でも突き止めなければならないと思った。

節子さんの状況については、ひょんなことからわかった。しかし、残念ながら節子さんは、すでに七年前の平成十八年に享年八十三歳で他界されていた。

つぎに私が追ったのは、節子さんと純一ちゃんの写真だった。恕一のご遺族の元にあるアルバムには、節子さん母子の写真は、いっさい見当たらなかったからだ。

ところがこれは、桑島治三郎氏の手許にあったアルバムの中に、唯一残っていたのである。それもアルバムの最終ページに一枚だけ貼り付けてあった。

恕一の実家は、長井市宮栄町の真言宗の寺の常楽院に隣接した所にあった。ここは私の実家から、わずか五百メートルしか離れていない。また私はこの家の前を、いまから半世紀前、小学校からの下校の際に何度か通っている。同じ長井の町で育った者として、思い出の中に重なり合うものが多々あった。

こうして私は、長井町に対する懐かしさと憤激に涙しながら、拙著を書き進めることになった。

昨年二〇一五年は戦後七十年目にあたるため、マスコミ各社とも競って「戦後七十年特集」を掲載した。

恕一事件の悲劇を広く世に知らせたいと思っていたところ、幸いにも八月二十九日付『東京新聞』と『中日新聞』の夕刊に、同紙編集委員吉原康和氏の筆によって大きく掲載された。吉原氏には心より御礼申し上げたい。

拙著の取材の中で、桑島恕一のご遺族である桑島孝子さんや桑島眼科医院院長の桑島一郎氏、そして桑島治三郎氏のお嬢様である佐藤令子さんには、恕一に関する写真の提供などでいろいろご協力いただいた。ここに深く感謝申し上げたい。

また、ご本人の希望からここにとくに名前を挙げなかったものの、高校時代の一人の友人がさまざまな形で尽力してくれたことに対して、衷心から御礼申し上げたい。

長井市長の内谷重治氏、鷹桜同窓会会長の勝見英一朗氏、東京鷹桜同窓会会長の守谷次郎氏からは、拙著に対するご丁重なる「推薦文」をいただいた。巻末に掲載させていただくとともに謝意を表したい。

また、長井市教育委員会、長井市立図書館、長井市商工会議所、長井市中央史談会様からご推薦いただいたことに関しても感謝申し上げる。工藤重芳氏からも写真や史料を提供していただいた。

最後に潮書房光人社第一出版部部長の川岡篤氏には、今回の出版に関して特段のご配慮をいただいたことについて深謝申し上げるしだいである。

二〇一六年三月

工藤美知尋

「このたび、長井市ご出身の旧陸軍の桑島恕一軍医大尉の生涯『軍医大尉桑島恕一の悲劇』が、同郷の長井市ご出身の政治学者工藤美知尋先生により刊行されるにあたり、長井市を代表して心からお祝い申し上げます。

戦時中に旧満州の収容所付の軍医として着任した桑島大尉は、収容所内の捕虜に対し、人道的見地に立ち常に親身に接し、慕われていたにもかかわらず、無実の罪を背負い、一度の陳述の機会を与えられぬまま処刑された悲劇を私ども長井市民は決して忘れてはなりません。

本の出版を祝いながら、この悲しい出来事を語り継ぎ平和を守り続けることを誓い合う機会を得たことは、平和都市宣言を行なってきた本市にとっても極めて画期的なことでございます。

戦後七十年が経過し、戦争体験者の高齢化により体験の語り継ぎも限界に近づきつつある中、工藤先生が詳細に史料の分析と関係者の証言に基づき研究をなされ、歴史の真実に迫る本書が刊行されますことは、お二人の出身地の地元市長として喜びに堪えず、また何より故桑島恕一軍医大尉が喜んでくださっておられるものと確信いたします。

平和への願いを改めて訴える本書が、多くの人に読んでいただくことを心から願い、お祝いのことばといたします。

長井市長　内谷重治」

「母校長井高校の先輩である桑島恕一氏の名誉が、工藤美知尋氏の丹念なる調査により明らかにされたことを心から嬉しく思います。改めて戦後処理の悲惨さに心が痛んだのですが、それ以上に、恕一氏の清廉なる覚悟と父忠一氏の限りない愛情に、深い感銘を覚えました。医師としての使命を果たしながら、冤罪によりこの世を去らなければならないという戦争の狂気。その中で従容と刑を受け入れた恕一の姿、端然と見送った父忠一の姿は、忘れかけた日本人の真髄を思い起こさせてくれました。恕一氏及びご遺族の無念を思うと切なくなるのですが、この史実に日本人としての在りようを学ぶなら、恕一氏の大義ある生涯に報いることになると思うのです。

長井高等学校鷹桜同窓会会長　勝見英一朗」

「このたび、わが山形県立長井高等学校を昭和四十一年に卒業した海軍史家の工藤美知尋氏が、『軍医大尉桑島恕一の悲劇』を上梓されたことは、大変意義あることだと思います。昨年は終戦七十年にあたり、太平洋戦争の意味について日本国民全員が深く考えた一年でした。

また二〇二〇年には、われわれ県立長井高等学校はめでたくも創立百周年を迎えます。そのような時期に、工藤氏がわれわれの先輩に当たる昭和九年卒業（第十回）の人道主義の医師でありながら冤罪のため上海米軍裁判において絞首刑に処せられた桑島恕一軍医大尉の悲劇を、埋もれた資料を発掘して論述されたことに対して、心から敬意を表するものであります。

この本が同郷、同窓の多くの人に読まれ、先の大戦で犠牲になられた方々に対して心からの哀悼を捧げると同時に、平和の尊さについて噛みしめる機会にならんことを切に願うものであります。

東京鷹桜同窓会会長　守谷次郎」

【主要参考文献】

1、桑島治三郎『殉国の軍医大尉』日本医事新報社、一九七四年。
2、巣鴨法務委員会『戦犯裁判の実相』槇書房、一九五二年。
3、茶園義男・重松一義『補完　戦犯裁判の実相』不二出版、一九八七年。
4、巣鴨遺書編纂会『世紀の遺書』巣鴨遺書編纂会刊行事務所、一九五三年。
5、巣鴨法務委員会編『遥かなる南十字星―戦犯の実相』一九六七年、山王書房。
6、福富健一『南十字星に抱かれて―凛として死んだBC級戦犯の『遺言』』二〇〇五年、講談社。
7、林博史『裁かれた戦争犯罪』一九九八年、岩波書店。
8、林博史『BC級裁判』二〇〇五年、岩波新書。
9、戸谷由麻『不確かなBC級戦犯裁判の軌跡』二〇一五年、岩波書店。
10、北影雄幸『無念の涙・BC級裁判の遺言』二〇〇八年、光人社。
11、岩川隆『孤島の土となるとも―BC級戦犯裁判』一九九五年、講談社。
12、半藤・秦・保阪・井上『BC級裁判を読む』二〇一〇年、日本経済新聞出版社。
13、油井大三郎・小菅信子『連合国捕虜虐待と戦後責任』（岩波ブックレット）一九九三年、岩波書店。
14、西村直次『柴山桑島忠一』柴山桑島忠一刊行会、一九七九年。
15、思想の科学研究会『共同研究・日本占領』徳間書店、一九七二年。

軍医大尉 桑島恕一の悲劇
われ上海刑場の露となりしか

2016年5月26日　印刷
2016年6月1日　発行

著　者　工藤美知尋

発行者　高城直一

発行所　株式会社　潮書房光人社
〒102-0073
東京都千代田区九段北1-9-11
振替番号／00170-6-54693
電話番号／03(3265)1864(代)
http://www.kojinsha.co.jp

装　幀　天野昌樹
印刷所　慶昌堂印刷株式会社
製本所　東京美術紙工

定価はカバーに表示してあります
乱丁，落丁のものはお取り替え致します。本文は中性紙を使用

ISBN978-4-7698-1618-8 C0095